山东省社会科学规划干部政德教育研究专项课题

“习近平以人民为中心的思想对传统民本思想的传承与
超越研究”（19CZDJ15）研究成果。

中国传统文化中的民本与官德

ZHONGGUO CHUANTONG WENHUA ZHONG DE
MINBEN YU GUANDE

王荣◎著

社

目　录

导　　论

一、学术界研究现状述评

民本思想是中国传统政治文化的精髓，是中国古代治国实践的历史反思，是应然层面官民关系的写照。传统民本思想的重要地位决定了它势必要成为学术界研究的重要课题。论及民本思想的学术著作非常之多，可用汗牛充栋来形容，学者们的研究有宝贵的学术价值。就中国传统文化中的民本与官德，及其在当下我国政德建设中的价值这一课题来说，学术界的研究还有一些不足。有一些重要的课题需要重申和补充。

第一，对于传统民本思想的历史定位仍然存在偏差。许多学者仅将传统民本思想定位成专制统治的一种手段和幌子，并把历代统治者的民本言行简单地归结为虚假认同和欺骗手段。例如，将传统民本思想或者看作一种缓和阶级矛盾的治民策略，或者看作一种无法实现的政治空想。这是一种严重低估传统民本思想政治地位的看法。虽然这种认识已经被很多学者批评过,但仍广泛存在于当下传统民本思想的研究中。传统民本思想来自于历代统治者和思想家对执政规律的深刻认识,对中国封建专制和历代王朝的制度原理、统治方略和实际施政都有极其深刻的影响。可以说中国封建专制的政治统治原理就是以民本思想为基本框架的,中国传统的民本思想就是中国古代政治统治思想最为重要的组成部分。民本思想是中国古代占据主流地位的政治文化,属于正统思想。仅将它作为一种统治者实现专制统治的手段和幌子来研究,会导致一些错误理解,比如无法正确理解民本思想中的二元框架;只谈民本不谈君本,甚至将二者对立起来;只在思想文化的视域下看待民本,而不谈其社会基础等。

第二,对民本与君本的关系理解有偏差。有些学者脱离君本谈民本,或者外在地理解君本和民本,这不符合民本思想的本义。传统民本思想是一种系统论证君主制度的思想,其本身就包含着“民为国本”和“君为政本”这两个相互依存、相互补充的命题。“民为国本”和“君为政本”不但不是对立的,反而是相互服务的,民本越被强调,君本也越被强调。纵观民本思想发展史,强调民本的思想家往往也强调君本,可以说根本找不到一种思想体系是专门阐述民本,而不涉及君本的。许多重要的命题也都是既可以用来论证民本,也可以用来论证君本。比如,孟子一方面弘扬“天民相通”,一方面又主张君权天赋;董仲舒作为天赋君权的代表,其思想中也不乏“天民相通”的言论。“天—

君—民"的循环论证是许多民本思想的倡导者，特别是儒学家的思想特色。单独摘录"民本"，或单独摘录"君本"都不符合文本真义。可以作为这一论点的另一个论据是民本思想最早由统治者提出，并公开写在封建帝制的官方学说之中，写在许多统治者的政治文告中。不但许多开明君主提倡以民为本，就连诸如隋炀帝之类的暴君也公开强调民本的重要性；当王夫之、黄宗羲等专制制度的批判者以"天下为公"为口号批判君主专制时，清王朝的统治者为王权定位、为帝制张目的依据也是"天下为公""以民为本"。实际上，民本和君本出于同一个理论原点，是同一套政治体系的两种表达方式。对此，嵇文甫、谢祥皓、朱日耀、林安梧、张分田等学者都曾对民本思想中重民与尊君的二元结构作出过详尽论述，但当下的学术界中仍有不少学者外在地理解民本思想中的"民本"与"君本"。

第三，对传统民本思想的历史规律总结不够。现有研究中许多学者将民本思想的演化逻辑概括为：农民起义与民本思想的新高潮在历史中交替出现，贯穿中国封建社会整个历史进程。其论据是秦二世公然以"极欲"伤民、害民促使秦末农民起义爆发，汉朝以此为戒，将民本思想融入正统意识形态。隋末农民大起义后，民本思想掀起第二次发展的高潮，其中最具代表性的民本思想是唐太宗所提倡的君民、君臣之间的"舟水"关系。明末农民大起义后，民本思想在部分汉族士大夫对专制主义制度的反思中达到第三次高潮。这样总结民本思想的历史演进逻辑有一定的道理，但还不是十分准确。实际上以民为本的理论是随着君主政体的日益完善而逐步强韧化、体系化的，君主权力越集中，民本思想越体系、也越普及。在帝制确立之后，民本思想一步步成为官方统治思想的组成部分，并在帝制的完善中逐步经典化、官学化、大众化，并最终成为包括皇帝在内的社会各阶级的政治共识。

第四，关于传统民本思想中是否具有民主因素的争论一直持续至今。实际上，传统民本思想中是否具有民本因素，一直是传统民本思想的研究焦点问题之一。陈独秀最先指出传统民本思想不具有民主因素。“所有民视民听，民贵君轻，所谓民为邦本，皆以君主之社稷——即君主祖遗之家产——为本位。此等仁民、爱民为民之民本主义……皆自根本上取消国民之资格，而与以人民为主体、由民主之民主政治，绝非一物。”①冯友兰在《中国哲学史新编》第一册、任继愈在《中国哲学史》第一册也都指出中国传统民本思想中并不具备民主思想。与传统民本思想中是否具有民主因素相关的一个争论是民本思想是否具有治权在民的思想。对此，梁启超最先提出民本思想不具备民治理念。他指出：“则国为人民公共之国，为人民共同利益固乃有政治，此二义者，我先民信之甚笃，惟一切政治当由人民实施，则我先民非惟未尝研究其方法，抑似并未承认此理论。”②“徒言民为邦本，政在养民，而政之所出，其权力乃在于人民之外，此种无参政

① 陈独秀：《再质问〈东方杂志〉作者》，载《陈独秀文章节选》上册，生活·读书·新知三联书店1984年版，第353页。

② 梁启超：《先秦政治思想史》，上海书店出版社1992年版，第4页。

权的民本主义，为效几何？我国政治论之最大缺点，无乃在是。”①也就是说，梁启超认为民本思想中虽然有民有及民享的理念，但是“政由民出”的民治思想是不具备的。萧公权的《中国政治思想史》、萨孟武的《中国政治思想史》、韦政通的《儒家与现代中国》、张分田的《民本思想与中国古代统治思想》中都有此类看法，都认为传统民本思想和近代民主思想中的主权在民思想有很大差距。然而，如熊十力、杨幼炯、胡波等著名学者却持相反意见，认为孔孟是民主论的先驱。冯天瑜、夏勇、李存山等学者也都认为梁启超的说法虽然大体不错，但却过于笼统，如果仔细考察我国传统民本思想的发展，无论先秦还是明清之际的民本思想中，都包含一定成分的民众参与政治的民权观念。

这一争论一直持续到当下，当下也有学者经考察发现没有任何一个古代民本思想家明确提出治权在民的思想，因此民本思想并不包含民主思想的核心要素，也是由于这个原因，民本思想才真正成为君主制度的官方学说。而有些学者认为这样的说法未免过于笼统，先秦和明清之际的民本思想都包含民众参与政治的民权观念。笔者本着具体问题具体分析的态度，分别考察了先秦和明清之际的民本思想，得出的初步结论是先秦思想中被认为是民权观念的命题实际上并不具备民主思想的成分，而明清之际的民本思想却蕴含了民主思想的萌芽。

① 梁启超：《先秦政治思想史》，上海书店出版社 1992 年版，第 4—5 页。

先秦的民本思想中所蕴含的民主成分被归结为五个方面，即“天下为公”、“主权在天”和“天民合一”的统一、“立法利民”、“鉴于民意”和“恭行天罚”。首先，“天下为公”。《论语·泰伯》篇记载孔子语：“巍巍乎，舜禹之有天下也而不与焉！”也就是说多么崇高啊！舜和禹得到天下不是通过夺取。这里确实包含着否定家天下的思想。《论语》最后一章是《尧曰》，将尧舜及周武王如何实施政治落脚到“公则说（悦）”。墨子更进一步地提出“君，臣萌（氓）通约也”（《墨子·经上》）。这是中国最早的民约论，认为君王是百姓所推举出来的。后来的思想家将孔墨思想合一，在《礼记·礼运》中编织了“公天下”的一段文字：“大道之行也，天下为公……是故谋闭而不兴，盗窃乱贼而不作，故外户而不闭，是谓大同。”成书于战国末期的《吕氏春秋》对此诠释为“天下，非一人之天下也，天下人之天下也”。学者们将这个命题解释成天下并非天子一人或一家的私产，甚至就不该有什么天子的概念，因此管理天下的政治主权属于天下人所共有。这个解释前半句理所应当，后半句牵强附会，属于主观臆断。我们在这些具体的民本命题中分析不出“管理天下的政治主权属于天下人所共有”的观点。其次，“主权在天”与“天人合一”。学者们的论据主要是《孟子·万章上》记载的天子权力交接的对话：“万章曰：‘尧以天下与舜，有诸？’孟子曰：‘否。天子不能以天下与人。’‘然则舜有天下也，孰与之？’曰：‘天与之。’”那么天究竟是怎么授予的呢？孟子接着说：“使之主祭而百神享之，是天受之；使之主事而事治，百姓安之，是民受也。”

学者们将其解释为天下的权力来源于天与民两个方面,天子权力的交接也必须得到这两方面的认可。而又因为古有“天人合一”,实际就是天意虚,而民意实,在这里,“主权在天”被理解为主权在民,即民众是政治权力的来源。遵从命题理论逻辑来看,“使之主事而事治,百姓安之,是民受也”的意思更接近为统治者施行安民之策,民安则百姓拥护统治者的统治,可引申出民众有权利对暴政进行革命,却很难引申出主权在民、民将权力授予君主的意思。孟子主张的只是民贵君轻,并不曾主张民权。再次,“立法利民”。学者们以墨子为例,将“凡言凡动,利于天、鬼、百姓者为之”(《墨子·贵义》)解说成一切以百姓利益作为取舍的标准。并将这点与“谋及庶人”相联系,认为古代民本思想中有政治决策参考、听从民意的观点。并列举管子、韩非子的相关论述作为论据。管子言:“政之所兴,在顺民心;政之所废,在逆民心。”(《管子·牧民》)韩非子主张:“立法术,设度数,所以利民萌便众庶之道也。”(《韩非子·问田》)这些论断都可以解释成政治实践的效果是否符合国家百姓的根本利益是衡量是非的标准。也确实可以看出先秦民本论强调立法的宗旨是为了利民,也即为民众服务。但这并不足以说明传统民本思想中包含民主因素,毕竟利民的同时也将达到利君的目的。这一利民思想表现出君主维护自身统治的阶级自觉性。复次,“监于民意”。西周著名的政治家周公在告诫贵族统治者时曾说:“古人有言曰:‘人无于水监,当于民监’。”春秋时期郑国著名政治家子产也很重视民众舆论。在他看来,舆论是不能禁止的,禁止只会带来灾祸,正确的做法是加以引导,并把舆论作为检查政治行为得失的镜子。孟子与齐宣王的对话中也有一段对此问题的讨论。“王曰:吾何以识其不才而舍之?曰:国君进贤,如不得已,将使卑逾尊,疏逾戚,可不慎与?左右皆曰贤,未可也;诸大夫皆曰贤,未可也;国人皆曰贤,然后察之,见贤焉,然后用之。左右皆曰不可,勿听;诸大夫皆曰不可,勿听;国人皆曰不可,然后察之,见不可焉,然后去之。”(《孟子·梁惠王下》)孟子在这里把要参考民意和听从民意的思想表述得非常明确,这表明政治决策时参考听从民意的重要性。但是实际上,“监于民意”和“立法利民”,这两个命题是建立在统治者对君民之间依赖关系的深刻认识的基础上,目的则是维护这种依存性,并不能将其归结为治权在民。最后,“恭行天罚”。古代民本思想主张民众有权利对暴政进行革命。先秦时期,无论是商汤讨伐夏桀,还是周武王攻打商纣,都是以“恭行天罚”为使命的。民众革暴君、暴政是正义合法的,这一思想在中国政治思想史上影响甚为深远。然而它们被研究者们解读为古代民本思想中具有民主、民权的要素,却是不恰当的。作为结论,研究者们认为先秦民本思想中的民主元素已经自成体系,但还都是在天命之名下进行。也正是引入天命这个框架,民本思想才得以在政治实践中起到纠偏作用,达到限制君权的目的。通过上面的分析,我们认为这一观点并不符合先秦民本思想中的命题原意。这些“近乎民主”的言论与近代民主思想中的主权在民的思想是根本不同的。

再来看明清之际的民本思想。明清之际民本思想的代表人物是顾炎武、王夫之、黄宗羲。他们举起批判君主专制主义的旗帜，并进而提出近代意义的民权观念。论据如下：顾炎武的思想之新体现在他提出“以天下之权寄天下之人”的主张，让人人都有参与朝廷政务的权利。同样，天下人也都有革不道之君权利的意识。但是他并没有提及天下人都有称九五之尊即充任最高领袖的权利，因而只能说具有一点民主思想的萌芽。另一位著名的人物王夫之，其新思想在于“虚君论”主张，置天子于有无之外，以虚静而统天下。他的这一主张虽然仍被包裹在君权制的框架之中，但可见近代民本论的萌芽。黄宗羲要求取消君主制度，进而主张“天下为主，君为客”，与此想通，也要取消一家之法，用天下之法取代之。他认为“贵不在朝廷，贱不在草莽”，因此封建制度全不合理，其所为法者，不过是“一家之法，而非天下之法也”。他主张公天下是非于学校，发展商品经济，强调“工商皆本”。这个社会改良的方案否定了封建专制制度，为后世描绘了一幅商品经济社会的蓝图。综合这些论据，我们认为这个时期的民本思想已经有了一定程度的新内容，即民不仅是君王服务和依靠的对象，也不仅是以天意的形式予夺君权的力量（二者都是先秦民本论的内容），而是以自己的存在争取平等，可参与实际政治活动并向天子分权的力量。据此可说，这个时期的民本思想蕴含着一定的民主成分，是从古代民本论中萌生的近代民本论的思想之芽。

第五，有些学者单纯或主要依据儒家思想来研究中国传统民本思想。虽然儒家思想是中国传统民本思想的最重要的组成部分，但道、墨、法等重要的政治流派都认识到了民众在国家政治中的基础作用。这些学派基本都主张立君为民、得民心者得天下，都讲究利民爱民，也都把君民关系和治民方略作为关注点。影响深远的政治命题也不仅有儒家的思想，老子的"以百姓心为心"、墨子的"君民交相利"、慎到的"立天下以为天下"、商鞅的"立法利民"等也都是影响深远的政治命题，也都在民本思想的传承发展过程中起到了重要的作用。仅以儒家的思想来研究中国传统民本思想，在系统性上有一定的参考价值，但不利于全面分析和高度概括，容易引发争论，更不利于更为准确地研究民本思想的内容、价值、传承与现代价值实现路径。

第六，对民本思想的社会基础及其等级性质的研究存在不足。"传统民本思想具有等级性"，这在当下学界的研究中是一个共识。但学者们对于传统民本思想的等级性的研究却存在着两个问题，其一，很多研究都是直接从等级民本的等级表现开始说起的，但是如果不澄清其实质，对其表现的述说只能流于表面。其二，探索等级民本的实质，势必要对其经济基础、社会基础和政治基础予以说明，然而对此，学者只是用生产资料私人占有的经济形态、封建主义的社会基础和政治体制来概括说明。但这样的说明方式有模棱两可之嫌，会使许多读者始终不能真正理解中国的经济、政治形态，因而也不能理解传统民本的等级性质。

第七，对传统民本思想的研究视野较为局限。作为中国政治学说的重要组成部分，传统民本思想是一个庞大的思想网络，全面涉及民、君、官、天及其相互之间关系等各方面内容,形成了诸多思想命题。而各个思想命题背后又都有其思想依据,如"天立君为民"这一命题,内在蕴含着"道高于君"的理念,而这一理念背后则是"天下有道"的政治理想。要理解"天下有道""道高于君"的政治理想和理念,又必须对中国传统文化要义及它所影响的中国古代的学术与政治结构有所理解。再比如,"君舟民水"这一命题包含着"任贤重民"的实践思路,这一实践思路的具体实施又反映着中国古代"内圣外王""道德至上"的文化理念。可以说,传统民本思想及其所包含的政治关系论与中国传统文化重道德、重人文、重贤能、重精神等要素浑然一体,不可分割。因此决不能仅就民本谈民本,必须在中国传统文化的大背景下看民本。在对民本思想的整体思路和体系有所了解的基础上,抓住传统民本思想"为君之道""为官之道"的要义和其实践路径的鲜明特色,一方面分析其不足,另一方面更要将传统民本思想中最具精华的部分——古代士人群体的道德精神,即为官之道——揭示出来并进一步做理论开新的工作。

第八,对传统民本思想的传承与扬弃的研究还存在不足。在传承的研究上,学术界现有研究成果基本都集中于重民思想、利民思想、爱民思想以及方法论的传承上。这当然不错,但经过研究我们发现,初看起来,传统民本思想是关于民众地位的政治思想,实际上它是关于君道和官道的政治思想,如何为君、如何为官是传统民本思想的主要内容。基于此判断,重民、爱民、利民等思想实际都是对"为君""为官"的一种要求,因此当下对传统民本思想的传承理应落脚于“官道”。然而学术界对这一方面的研究还存在不足,基本没有将传承落脚于对官道及其官员道德精神的分析和展开上。在扬弃的研究上,学术界现有研究成果基本涵盖了对传统民本思想等级性、工具性、制度空位性的超越,但缺点是不够系统,表达和概括都比较零散,因此还需要思路的整合与补充。

二、研究思路和方法

传统民本思想以“以民为本”为核心理念,以设君之道、为君之道、治民之道为基本思路,蕴含着丰富的思想精华,是中华民族留给当代中国乃至世界的宝贵遗产。但任何学说的根本都“深深扎在物质的经济的事实中”,传统民本思想的根深深扎在小农经济及建立其上的等级社会结构和政治体制当中,具有等级的狭隘性和历史的局限性。因此,传统民本思想从根本上说是精华与糟粕互相结合的文化复合体。在继承的基础上扬弃传统民本思想,对于新时代中国社会发展具有重要的理论和实践意义。

(一)研究思路

针对学术界现有研究现状中存在的问题,本书拟从中国传统文化的视角去研究传统民本思想,对其发展阶段、发展规律、基本内容、发展逻辑等作出再研究,并进一步分析其社会、经济、政治、文化基础。在此基础上，把握传统民本思想中最主要内容“为君之道”“为官之道”和道德化的实践思路，对其中最精华的“为官者的道德精神”予以详细分析。研究传统是为了理论开新，本书的后半部分是在阐述民本思想理论开新的指导思想和原则的基础上，研究当代政德建设的民本之魂与民本镜鉴。

“民本”作为“民惟邦本”等相关思想的代称起始于《先秦政治思想史》，在这本书中，梁启超用“民本主义”讨论先秦的政治思想。自此以后，“民本”概念流传开来，成为研究中国传统文化及政治策略的学者们经常使用的一个词语。“民本”主要在两层意义上使用：一是从民众对于国家和君主的重要性上来说，民是国家、君主的根本；二是由于民众居于基础地位，因此以民为本、政在养民就是君主的义务。传统民本思想的历史演进可以概括为：远古先王时代的治民经验是记录在册的最早的民本思想，随着早期国家形态的逐渐建立，民本思想就从初现端倪发展到形成众多相关思想命题，并逐渐体系化。春秋战国时期，传统民本思想理论化和系统化了；从秦汉到魏晋南北朝，传统民本思想在不断实践中官学化、神学化、大众化；唐宋时期，民本思想进一步实践化与哲理化；元明清时期，传统民本思想泛理学化和极致化了。传统民本思想是与中国古代君主制度相配套的统治思想与政治调节理论之一。民本思想的发展规律可以概括为两个方面：一是随着中华传统帝制的产生与发展而产生与发展；二是每当社会危机、王朝更替之际，民本思想又会以单独进展的方式获得相应发展。民本思想的内容主要在于三个方面：即设君之道,包括依据天、道义或者自然立君说,核心在于立君为民、为公、为天下;为君之道和为官之道,包括基于民为邦本的各种政治关系论;治民之道,一方面包括爱民、重民、养民、利民、富民等策略,另一方面包括用民、弱民、愚民等驭民之术。依据民本思想的历史发展和基本内容,我们将传统民本思想的历史逻辑概括如下:天本位是民本的重要理论依据;民本与君本相辅相成、互为一体;爱民与制民相反相成;民本思想与道德自律型政治相配合。

"传统民本思想具有等级性",这在当下学界的研究中是一个共识。但学者们对于传统民本思想的等级性的研究却存在着两个问题,第一,很多研究都是直接从等级民本的等级表现开始说起的,但是如果不澄清其实质,对其表现的述说只能流于表面。第二,探索等级民本的实质,势必要对其经济基础、社会基础和政治基础予以说明,然而对此学者只是用生产资料私人占有的经济形态、封建专制的社会基础和政治体制来概括说明。但这样的说明方式有模棱两可之嫌,会使许多读者始终不能真正理解中国的经济、政治形态,因而也不能理解传统民本的等级性质。鉴于此,我们从传统民本思想的内容和思路中去分析其所包含的经济、政治、文化因素,在揭示其历史背景和社会根源的同时,使传统民本思想以更加立体的形象显现。并基于此,分析传统民本思想的历史定位、鲜明特征以及实践路径。小农经济的基础地位、农兵合一的军事和国防、"士""农"结合的社会状况是传统民本思想的经济根源;"官—民"社会结构及建立其上的专制主义官僚政治是传统民本思想的社会与政治根源；以“道”为核心，以人为本位的中国传统文化观是传统民本思想的文化根源。传统民本思想在古代统治思想当中具有极其重要的历史地位，古代的政治思想是以民本思想为基础框架所构建的。就其主题说来，民本思想主要回答“为何立君”“何以为君”“何以为民”等各个层面的理论问题，并侧重从各种政治关系去回答和论证这些问题。其中，设君之道、为君之道、为官之道是传统民本思想的关注点。政治的道德化与道德的政治化结合在一起，是中国古代政治体系的特征，也是民本思想的政治思路的鲜明特征。道德对国家政治的重要作用靠人去实践，因此传统民本思想中包含一条“内圣外王”的修身为政的具体路径。

中国古代贤能政治讲究道德与才能的等同，道德与权力的结合，因此贤能政治的政治原则只能在道德伦理的范围之内去求取。贤能政治所关注的无非是道德个体的政治参与与道德实现，并以此作为实现理想政治的途径。道德对国家政治的重要作用，要靠人去实践。为政以德和为政在人是紧密联系在一起的，为政以德的根本途径是为政在人。因此为政以德的关键一环在于官德，官德是关系国家兴亡的大问题。古代民本思想的定位本就是一种为君之道、为官之道，因此我们从古代民本思想中很容易导出古代的贤能政治思路。而这种贤能政治思路与我国当下的政治建设相联系，则突出表现在政德建设。虽然中国传统民本思想中体现出的道德型政治、贤能政治和现代民主政治并不完全相通,但始终强调官德的重要作用对当下政德建设是非常有益的,也是挖掘传统民本思想的一个重要思路。因此,我们可以说,民本思想应是官德建设的生命之所在。基于这样的理论判断,我们从仁爱、尚义、弘毅、重行、清廉、谨慎六个方面考察了古代官员群体的道德精神,以期为民本思想的理论开新提供资源。

中国传统文化中蕴含丰富的民本思想,其中的为君之道、为官之道,及其中所蕴含的贤能政治思路、道德型政治背景、文化背景,还有其中蕴含的中国传统道德精神都为我们建构当代政德奠定基础。我们不能脱离传统民本思想及其中包含的中国传统道德精神去进行当代政德建设,脱离了我们自己的优秀传统文化,势必酿成恶果。何况审视当下的政德状况,再回顾古代士人群体的道德精神,就会感到以古代传统民本思想及其道德精神来哺育当下政德的重要性和迫切性。因此,当代政德建设不能脱离中国传统的民本思想,它必然是传统基础上的返本和开新。首先,我们站在唯物史观的立场上,对以下三个问题作了肯定回答:传统民本思想是否能够延续?传统社会中古代的士人群体能否在当代延续下来呢?传统民本思想如何延续呢?阐述了传统民本思想理论开新的重要性、必要性与可能性。其次,我们明确了传统民本思想理论开新的指导思想:传统民本思想的理论开新是在中国特色社会主义文化建设的总体框架下阐发的,其要服务于的当代政德建设是作为中国特色社会主义文化建设的一部分,那么无论是其理论开新的服务主体,还是理论开新的内容与取向，都需要以马克思主义作为指导思想。最后，我们还从更为具体的层面上明确了传统民本思想理论开新的基本原则，以确保传统民本思想理论开新工作能够沿着正确的方向行进：坚持由古而今的逻辑；充分发挥“人”的主体性因素；注重从道德、文化与社会各方协调的整体性中展开。随后，我们审视当下的政德状况，尝试在分析当下政德领域突出问题及成因的基础上，探索传统民本思想与政德资源的理论开新，即进一步挖掘其中的民本之魂，评价其缺失和错位，为当下政德建设提供资源。无论是理想信念动摇，还是任人唯亲，无论是言行不一致，还是形式主义、官僚主义、享乐主义、奢靡之风，还有没能展开论述的其他问题，归根结底是个别党员干部道德品质低下，脱离群众的问题。而这些问题又是由以下原因造成的：历史文化维度上，“官本位”思想沉淀，人情关系牵绊，过分强调贤人政治；经济社会维度上，经济社会的发展与个人利益发展诉求受限相连接、多元价值观并存导致党员干部价值困惑、制度法律体系缺陷；道德主体维度上，官员素质与多重角色要求之间的现实差距、为民服务的政德意识弱化等。基于以上分析，我们得出结论当下政德建设需要以人民为中心，并从理论依据和核心思想两个方面阐述了政德建设为什么以人民为中心、以人民为中心的政德建设具体指什么。

通过上述分析，我们看到传统民本思想的理论开新是两方面的，一方面是传统民本思想中的为官之道，古代官员的高尚的道德素养、贤人政治模式对于培育当下政德体系具有重要启示作用;另一方面,当下经济社会条件的变化,当下政德领域的现实问题已经说明过分强调贤人政治是不可行的,不仅会因为目标与现实距离过远产生自甘堕落的反面影响,也会由于政德体系的制度法律方面的不完备致使当下政德建设不成功。因此我们对于传统民本思想的理论开新首先要通过挖掘传统民本思想的民本之魂,为当下政德建设提供资源。其次,要通过分析传统官德思想的弊端,为当下政德建设提供警示,并在分析当下政德建设的同时探讨一下当下我国社会主义民主政治对于传统民本思想的超越。在民本传承方面,需要注意传承的过程就是创新的过程,传承与创新是一体两面,而不是相互分离的。

我们从五个方面对传统民本思想的传承作了分析:一是传承重民思想;二是传承爱民思想;三是传承利民思想;四是传承听政于民的思想;五是传承贤能政治思路,坚持以人民为中心锻造新时代好干部。初看起来,传统民本思想是关于民众地位的政治思想,实际上它是关于君道和官道的政治思想,如何为君、如何为官是传统民本思想的主要内容。基于此判断,重民、爱民、利民等思想实际都是对“为君”“为官”的一种要求,因此对传统民本思想传承的分析理应落脚于“官道”。基于传统民本思想社会根源、历史定位和鲜明特征的分析,本书将传统民本思想的历史局限概括为等级民本与制度空位两个方面,在此基础上,我们进一步分析了当下的政德建设对传统官德的超越。我国民主政治建设针对传统民本思想的等级性、工具性、制度空位性等历史局限，在思想内容、保障制度等方面实现了对传统民本思想的超越。对传统民本思想的超越主要体现在三个方面：一是从“立君为民”到“人民当家作主”。我国民主政治立足“自由独立的人”，彰显人民主体地位，超越了传统民本思想中“官—民”对立的等级划分；坚持人民当家作主，赋予人民国家主人的权力，超越了传统民本思想中“君为民做主，民依君行事”的政治格局；坚持为人民服务的宗旨，实现人民的根本利益，化解了传统民本思想“民本”和“民用”的内在张力，将民本从工具理性转换成价值理性。二是从“民为邦本”到“依靠人民群众创造历史”。我国民主政治建设坚持发展“一切依靠人民”，立足于马克思主义群众史观，肯定了人民群众在社会历史发展及社会历史变革中的决定作用，超越了陷在专制主义统治窠臼中的传统民本思想，从而将守成之民转变为创造之民，将“乌合之众”转变为具有强大组织力量的人民整体。以此，用“发展”的逻辑扬弃和超越了传统民本思想的“统治”逻辑。三是从“政在养民”到“德法并治保障人民根本利益”。我国民主政治从法律和制度层面保障人民根本利益的实现，将“政在养民”的道德型政治实践转化为有制度和法律保障的“治国理政基本方略”；倡导“共治”的治理模式，在程序、机制上保障“发展成果由人民共享”，将以民本为内核的“统治”关系转变为以民主为内核的“共治”关系。值得指出的是，这三个思路也包容涵盖了“从民本到民主”“从统治到发展”“从德治到法治”的思路。

（二）研究方法

1. 实证研究方法

马克思曾就研究方法和叙述方法指出："研究必须充分地占有材料，分析它的各种发展形式，探寻这些形式的内在关系。只有这项工作完成以后，现实的运动才能适当地叙述出来。"①在学术研究中，事实先于分析，事实是一切学术研究的基础。任何主观判定和分析都必须服从事实，基于事实，这样研究才有科学性可言。首先，民本思想的研究跨越的历史时期非常长，涉及的学派非常多，而我们的研究又注重一些学术共识和价值共识的导出。普遍性地推定就需要包含比较充分的典型个例和可能会引起争议的个别案例。其次，事实的缺失和不当取舍会造成研究中的一些误区、盲点和怪论。可以说，思想史的研究中最容易出问题的正是事实依据的缺失和错误，事实依据的错误会使精彩的分析变得一文不值。基于此，本书对于传统民本思想发展阶段和历史基础的研究所涉及的文献和史料并不限于某个或某几个学术流派和思想家，而是遍及重要的政治思想流派、著名的思想家，还包括一些所谓的学术异端和历代统治者的相关思想。以此证实我们的结论是有充足依据的。

2. 系统研究方法

本书的主题是研究古代民本思想的政治智慧对当下我国政

① 《马克思恩格斯文集》第 8 卷，人民出版社 2009 年版，第 25 页。

德建设的价值。无论是古代民本思想的研究，还是当下我国的政德建设，都是涉及多方面内容的系统工程。本书采用历史学、政治学、哲学等多种方法，通过收集、整理、分析更加广泛的历史材料，对传统民本思想的发展阶段、演进规律、历史逻辑、基本内容、社会背景、历史定位、鲜明特征进行了研究，以期使传统民本思想以全方面、多视角、深层次的形象显现出来。在对传统民本思想历史背景和社会基础的研究中，本书从经济、政治、文化等多个方面研究了民本思想与“天人合一”论、“道高于君”论、“内圣外王”论、文化国家观等重要的传统政治哲学、传统伦理道德理论之间相互交叉、相互支撑、相互包容的关系，研究了士农结合、农兵结合的社会状况对民本思想的支撑和影响，以此进一步展示了传统民本思想中所蕴含的贤能政治方式及古代政治思想体系的性质和特点。在研究古代士人群体的道德精神、当下政德建设能够继承发扬传统民本思想的要素方面以及当下我国民主政治建设对传统民本思想的超越方面也采用了系统分析方法，考察涉及的各要素的整体性与结构性，各要素关联性、动态平衡性。

3. 史论结合的方法

通过“史论结合”的研究方法，分析传统民本思想的发展脉络，阐释传统民本思想的丰富内涵、历史逻辑、演进规律；分析传统民本思想的政治、经济、文化观背景，阐释传统民本思想的历史定位、鲜明特征，历史缺陷；这两个方面同时进行，因为二者是交织在一起的。这种思想史的树立与历史观的阐释必须紧密地结合在一起，离开思想史的梳理，历史观的研究，特别是传统民本思想基础问题研究是空洞的；反之，离开历史观的阐释，思想史的梳理，特别是传统民本思想的发展脉络梳理是盲目的。因此，这两个方面的研究不是相互并列的外在关系，而是不可分割的内在关系，这就决定了“史论结合”的研究方法是本课题研究的基本原则。

三、学术价值和现实意义

传统民本思想作为中华民族历史认知的深刻积淀，为我国政治文化与社会心态的形成提供理论资源，为中华民族生生不息、发展壮大提供丰厚滋养。正是基于这种深刻联系，我国当代的民主政治建设既内蕴着传统民本思想的理论精华，又实现了对它的理论与制度超越。在中国传统文化的大背景下研究传统民本思想的基础问题，开显其中蕴含的理论精华，并探讨其当代价值无疑具有深刻的学术价值和现实意义。

（一）学术价值

1. 本书研究深化了传统民本思想的基础理论及其当代价值研究。本书在研究过程中不仅探索了传统民本思想的历史发展、基本内容、发展规律、历史逻辑、社会基础、历史定位、鲜明特征，而且挖掘出其所包含的贤能政治思路以及官员高尚的道德精神，揭示出其等级性质和历史局限，这一方面有利于我们理解传统民本思想，另一方面为我国当下的社会主义政治建设提供了资源与警示。

2. 有助于推进马克思主义和中华优秀传统文化的有机结合，促进马克思主义中国化的研究与发展。我国民主政治建设传承着传统民本思想的文化精髓，剥离出传统民本思想的现代因素，在建设新时代中国特色社会主义的过程中实现了现实国情与马克思主义、传统民本思想的有机结合。

（二）现实意义

1. 有利于新时代政德体系建设。本书在对传统民本思想的研究过程中，一方面挖掘出其所包含的贤能政治思路以及官员高尚的道德精神，另一方面揭示出其等级性质和历史局限。前者是我国当下建设政德体系的丰厚滋养，后者则能够对当下政德体系建设起到警示作用，启发我们过分强调贤人政治是不可行的，还必须完善政德立法、政德保障制度、监督机制，改善公务员选拔程序以及政德考核体制。

2. 有利于我国社会主义民主政治建设。通过分析传统民本思想的历史局限以及我国当代民主政治对它的超越，启示我们在社会主义民主政治建设的过程中，要在加强国家权力公共性建设、完善立体化平衡化的社会结构、建立平等的公民权利体系等方面下功夫。

3. 本书通过分析我国民主政治建设对传统民本思想的传承与超越，加深了对其基础理论问题的理解。这有助于我们深刻领会党中央的战略决策和战略部署，更广泛地凝聚社会共识，加快落实中国共产党的执政理念；也有助于理顺官民关系、党群关系，树立正确的权力观、政绩观，打造中国政治生活新气象。

四、突破与不足

1. 本书在中国传统文化的大背景下研究传统民本思想，对传统民本思想的命题网络及其背后的文化依据作出了相对全面的探讨，有一定的学术突破。作为中国政治学说的重要组成部分，传统民本思想是一个庞大的思想网络，全面涉及民、君、官、天及其相互之间关系等各方面内容，形成了诸多思想命题。而各个思想命题背后又都有其思想依据，如“天立君为民”这一命题，内在蕴含着“道高于君”的理念，而这一理念背后则是“天下有道”的政治理想。要理解“天下有道”“道高于君”的政治理想和理念，又必须对中国传统文化要义及它所影响的中国古代的学术与政治结构有所理解。再比如，“君舟民水”这一命题包含着“任贤重民”的实践思路，这一实践思路的具体实施又反映着中国古代“内圣外王”“道德至上”的文化理念。可以说，传统民本思想及其所包含的政治关系论与中国传统文化重道德、重人文、重贤能、重精神等要素浑然一体，不可分割。基于此，本书没有就民本谈民本，而是在中国传统文化的大背景下看民本，在传统文化国家观的背景下看民本，在政治文化命题网络中看民本，从而对传统民本思想的整体思路、历史定位、鲜明特色给出了阐释。

2. 本书对传统民本思想演化逻辑的研究有所突破。本书采用实证研究方法，搜集了大量历史材料，总结了传统民本思想的历史发展阶段，并运用史论结合的方法，从中概括出了传统民本思想的历史发展规律，将其总结为两个方面。一方面，古代以民为本的理论是随着君主政体的日益完善而逐步强韧化、体系化的，君主权力越集中，民本思想越体系、也越普及。在帝制确立之后，民本思想一步步成为官方统治思想的组成部分，并在帝制的完善中逐步经典化、官学化、大众化，并最终成为包括皇帝在内的社会各阶级的政治共识。另一方面，农民起义与民本思想的新高潮在历史中交替出现，贯穿中国封建社会整个历史进程。也就是说传统民本思想与中国帝制的发展基本一致，随着中国古代帝制的发源、建立、完善、集中而起源、体系化、官学化、大众化。但是惯常的双向并进也会被农民起义、社会革命等大事件所暂时打破，农民起义和社会革命会促进传统民本思想在短期内达到一个又一个新高潮。

3. 本书对传统民本思想的社会基础及等级属性的研究有所突破。“传统民本思想具有等级性”，这在当下学界的研究中是一个共识。但学者们对于传统民本思想的等级性的研究却存在着两个问题，第一，很多研究都是直接从等级民本的等级表现开始说起的，但是如果不澄清其实质，对其表现的述说只能流于表面。第二，探索等级民本的实质，势必要对其经济基础、社会基础和政治基础予以说明，然而对此学者只是用生产资料私人占有的经济形态、封建主义的社会基础和政治体制来概括说明。但这样的说明方式有模棱两可之嫌,会使许多读者始终不能真正理解中国的经济、政治形态,因而也不能理解传统民本的等级性质。本书将传统民本思想的社会基础和等级性质分战国前和战国后两个部分予以说明。战国以前,古代中国是分封制下的阶级社会,民本的等级性是分封制下的阶级性。但是战国后,尤其是秦汉以后,古代中国是小农经济基础上的"官治社会","官—民"的社会结构及其基础上的官僚等级政制构成传统民本思想的社会和政治基础。官治民、民从官才是中国古代社会全部社会关系的核心和本质,也才是等级民本之等级的要义。

4. 本书对"当代政德建设对传统民本思想的传承"的研究有一定突破。学术界现有研究成果基本都集中于重民思想、利民思想、爱民思想以及方法论的传承上,除此之外,本书还从"传承贤能政治思路,坚持以人民为中心锻造新时代好干部"角度阐释了二者的传承关系。初看起来,传统民本思想是关于民众地位的政治思想,实际上它是关于君道和官道的政治思想,如何为君、如何为官是传统民本思想的主要内容。基于此判断,重民、爱民、利民等思想实际都是对"为君""为官"的一种要求,因此新时代政德建设对传统民本思想的传承理应落脚于"官道"。

5. 本书对"我国民主政治建设对传统民本思想的超越"的研究有所突破。学术界现有研究成果基本涵盖了我国民主政治建设对传统民本思想等级性、工具性、制度空位性的超越,但缺点是不够系统,表达和概括都比较零散。本书基于传统民本思想的基本思路及其理论开新的内涵要义,将二者的超越关系总结概括为从立君为民到人民当家作主、从“民为邦本”到依靠人民创造历史、从政在养民到德法并治保障人民利益三个方面,不仅整合了学术界已有思路,而且涵盖了现有研究中没能涉及的一些内容。并且这三个思路也包容涵盖了“从民本到民主”“从统治到发展”“从德治到法治”的思路,可谓一举两得。

最后,必须要承认本书的研究也存在如下不足之处:由于研究时间较短,在文献占有方面还有许多欠缺之处,这决定了传统民本思想的历史发展阶段和当下政德建设、社会主义民主政治建设的内容体系还有完善的可能,也决定了二者关系的研究还有深入的可能。文献的占有情况一定程度上决定了课题研究的系统性和深刻性,要想在以后能够继续这个课题的纵深研究,还必须多占有文献。另外,本书内含着马克思主义中国化的问题,即当代民主政治建设中所体现出来的马克思主义与中国传统文化的融合与开新问题。这一问题在本书的研究中还比较薄弱。

第一章　传统民本思想的历史发展和基本内容

第一节　“民本”概念的厘清

具有特定含义的“民本”范畴并不存在于中国古代的政治词典中，虽然中国古代的民本思想中也有“民”和“本”接续出现的例子，但并不是作为一个特有名词出现的。“民本”作为“民惟邦本”等相关思想的代称起始于《先秦政治思想史》，在这本书中，梁启超用“民本主义”讨论先秦的政治思想。自此以后，“民本”概念流传开来，成为研究中国传统文化及政治策略的学者们经常使用的一个词语。

要对这一概念的内涵有一个清晰的认识，需要分别辨明古代重民思想中“民”与“本”的具体内涵，并在此基础上形成“民本”概念的具体认识。“民”在古代文献中出现的次数特别多，这里我们主要分类型摘录几处较为经典的表述，并罗列前辈思想家的解读，在此基础上形成本书的看法。《管子·任法》中有云："夫生法者，君也；守法者，臣也；法于法者，民也。"这里对民的解释，明显是从立法、执法和守法的角度将民与君、臣区别开来。在《左传·昭公七年》中周礼将人分为十等，分别是"王、公、大夫、士、皂、舆、隶、僚、仆、台"。这里虽然没有"民"的概念出现，但已经很清晰地将民从等级上与上层等级区别开来。天子拥有天下，诸侯享有封地，士大夫坐拥土地，劳动者用自己的劳动奉养君与官。从官、民相对的角度进行区别的文献还有：唐太宗在《金镜》中的描述，"民乐则官苦，官乐则民苦"；朱熹的表述："民，庶民也。人，在位者也。"(《中庸章句》)《穀梁传·成公元年》中记载："古者有四民，有士民，有商民，有农民，有工民。"这是从职业上对民进行区分。依据以上表述，一些前辈学者纷纷发表了对于民本思想中"民"的看法。如刘泽华认为："民并不是一个阶级概念，而是一个依据社会地位划分社会等级的概念。"①王印认为民是"一切处于绝对无权地位、从事各种生业的社会成员"②。李少波认为，民在古代指"君王、百官之下的广大民众"③。夏勇认为："民是被统治着的庶众、群众。"④诸

① 刘泽华：《王权思想论》，天津人民出版社2006年版，第103页。

② 王印：《民本思想与中国古代抑商政策》，《史学集刊》2000年第3期。

③ 李少波：《从民的定位看民本思想的实质》，《青海师范大学学报(哲学社会科学版)》2005年第2期。

④ 夏勇：《民本新说》，《读书》2003年第10期。

凤娟认为:“从广义上讲的民,即指所有不具备官方身份的人。”①特别需要指出的是,由于农民一直是中国历史上民众的主体,所以有些历史文献也常将民指代为农民,如:“无夺民时,则百姓福”(《国语·齐语》),“民事不可缓”(《孟子·滕文公上》),“民用莫不震动,恪恭于农”(《国语·周语上》)等。据此,李宪堂在《先秦儒家的专制主义精神》一书中认为儒家所说的民不是所有民,而是“安分守已,能够为国家提供赋税的农民”②。

根据以上论述,我们可以看出:首先,民不是一个阶级概念,但却是一个与君主、官府相对的政治概念,可代指一切处于无权地位的社会民众。它虽然不是阶级概念,却蕴含着明显的等级划分于其中,一般指社会底层的群众,可以说是个等级概念。等级性尤其表现在“没有智慧的愚氓”与圣人、君子相对。大多古代思想家就是以此来论证等级划分的合理性,如孟子所云:“无君子莫治野人,无野人莫养君子。”(《孟子·滕文公上》)其次,民是一个整体性概念。《孔存》中有云:“言天下众民皆变化化上,是以风俗大和”,这里就将民称为“众民”;《尚书·盘庚》中记载:“汝万民乃不生生”,这就将民称为“万民”,还有“黎民”“黎庶”“群众”等各种称呼,都表明“民”的整体性。也正是由于其整体性,民才作为一种与君权相对立的“强权”力量存在,

① 诸凤娟:《民本思想的发展逻辑及其当代价值》,浙江大学出版社2012年版,第25页。

② 李宪堂:《先秦儒家的专制主义精神》,中国人民大学出版社2003年版,第291页。

被强调为国家之本。

再来看“本”的解说。与“本”相关的解说有“本，木下曰本。从本，一在其下”（《说文解字·木部》）、“不丧本茎”（《吕氏春秋·辨土》），这里的“本”就是“根”的意思。“本，干也。”（《广雅·释木》）从这几处“本”的解释出发，我们可以获得两层意思，“本”一是意味着初始，二是意味着基本、要害。“本”经常在古代思想文献中出现，这意味着古代思想家有一种本源、本质的思维，善于通过考察事物的本源、本体来解释事物，也善于抓住关键和主要矛盾解决问题。如《论语·学而》中说：“君子务本，本立而道生”；《荀子·致士》中说：“国家之本作也。”“务本”“本作”就是说成大事者要善于区分轻重缓急，提纲挈领，抓住关键。古代思想家将这种务本的思维用于各个领域，比如认识自然，谓天地乃“生之本”“性之本”；认识宗族，谓宗子（族长）为本；认识道德，谓孝为本；认识政治，谓民为本，君为本。中国古代的辩证思维在处理民本与君本的关系时可谓发挥到了极致。本与末相对，本以末为参照，没有末就没有本；末以本为参照，没有本就没有末，二者谁也离不开谁，是辩证统一的关系。当说到国家的来源、根本和基础时，人们认为“民为国本”；在讨论政治的首脑、主体和关键时，人们认为“君为政本”。二者是相互衬托的关系，离开了众民这个“本”，元首这个“末”也就失去了存在的条件，因此君主必须“顺天立本”，重视民生。而“强干弱枝，大本小末，则君臣分明矣”（《春秋繁露·十指》），即是说君主或道德高尚的君子在政治上为本，为上，庶民或道德卑下的小人则为末，为下，离开君主、君子，小人就失去了仰仗。总而言之，国家中民与君虽然相对立，但又相互依赖，二者作用不同，在不同的场合、政治命题中居于不同地位："君主是国家政治的核心和主宰，关乎庶民和社稷的安危存亡，但是，庶民和社稷是国家的根本和基干。"①"民是国之本，而君是政之本。就国家存亡而言，庶民群体比在位之君更为重要；就政治盛衰而言，在位之君比庶民群体更重要。"②但不变的一点是二者的相互依赖关系，相互依赖的关系决定了封建君主专制制度与民本思想并行不悖，也决定了"民为国本"和"君为政本"并行不悖。

综上所述，"民本"主要在两层意义上使用，一是从民众对于国家和君主的重要性上来说，民是国家、君主的根本；二是由一延伸至"为君之道"，即由于民众的基础地位，因此以民为本、政在养民就是君主的义务。

第二节　传统民本思想的发展阶段和基本思想

传统民本思想作为中国古代主流的政治思想，是随着国家

① 张分田：《民本思想与中国古代统治思想》上册，南开大学出版社2009年版，第34页。

② 张分田：《民本思想与中国古代统治思想》上册，南开大学出版社2009年版，第34页。

的起源、发展和政治制度的演变而出现和发展的。从刀耕火种到精耕细作的变迁中，封建等级制度到中央集权制度的交替中，技术崇拜到道德规约的演变中，族群氏族到宗族家庭的转换中，中国传统民本思想逐渐官学化、系统化。这一方面是国家治理的伦理秩序所要求的，另一方面则是思想精英的知识权力所塑造的。

一、传统民本思想滥觞

远古先王时代的治民经验是记录在册的最早的民本思想。据《史记·五帝本纪》记载，皇帝“监于万国”，设官“以治民”，“抚万民”，“度四方”。帝尧“能明驯德，以亲九族。九族既睦，便章百姓。百姓昭明，合和万国”。虞舜“敬敷五教”，以教化民众。《大禹谟》记载：“德惟善政，政在养民。”《皋陶谟》记载：“知人则哲，能官人，安民则惠，黎民怀之”，“天聪明，自我民聪明；天明畏，自我民明威”。《益稷》记载：“烝民乃粒，万邦作乂。”《五子之歌》则将“民惟邦本，本固邦宁”说成是夏禹之训。这些文献虽然是后期思想家根据转述、传说等记载和编辑成册的，可能未必准确反映先王时代的实际情况。但是至少能够说明两点：第一，无论这些记载真实与否，都构成后世思想家言说民本思想的论据、例证、文本来源，也就是说起到了真实作用。第二，这些记载至少反映了民本思想的来源是统治者的政令和言说，证明了传统民本思想本来就是作为一种政治思想提出来的，后世发展也证明了这一点。

在有国家形态的五帝时期，就有了民本思想的相关记载。随着最早的国家——夏——诞生，萌生了一些著名的民本命题。其一，政在养民。中国早期的国家形态是建立在家庭的基础上的，父系氏族的家庭关系以及建立在其上的父权观念、宗族观念以及宗教信仰都扩展到了国家和政治领域。家和国具有相似的结构和人际关系，在家族中，父权至上，父家长在各个层面支配其他家庭成员，相对地，宗法家长对晚辈也有教化、养育的义务。同样，在国家中，君王号令天下，威震四方，臣民都要服从其统治，但其作为大家长也有责任施政以养民。因此，“政在养民”正是帝王“为天下父母”的题中应有之义，“国家”“君父”的称谓也能够说明问题。“政在养民”的民本思想正是建立在宗法制度基础上的王权政治文化的重要构成之一。其二，“代天牧民”和“恭行天罚”。在上古时代，天和神是解释一切的根据。人们习惯于将一切自然现象和社会现象归结为神的旨意，在面对兴衰之乱时候，也会如此。人们将民众对王权的限制、将民众对王权的反叛归结为天与神的意思。商汤灭夏就是以夏桀残暴，招致民怨为理由，打着“有夏多罪，天命殛之”“予畏上帝，不敢不从”的旗号。这实际反映了一种天命观，即虐民之举是对天帝的忤逆，因而必然受到天帝的惩罚。以这种天命观为基础，出现了一种包含“天、君、民”三者关系的民本思想的逻辑，那就是天、神造民，也爱民，因此设计君主作为自己在人间的代言人以统治、管理、抚育民众。从这种天人关系中就导出了民本理念和天赋君权两个命题:先有民而后有君,君主是天、神为治民而设,他必须对天、神负责,关爱天、神托付给他的民众;天、神操纵万民之命,而王者"代天牧民",万民的一切都是王者代天赐予民众的,因而民众必须服从王命,否则天、神、王将给予严惩。这期间,如果统治者施行暴政,陷民众于水火,那么民众势必"恭行天罚",以革命的形式讨伐君王的不义之举。

殷周更替是促进传统民本思想发展的重要历史动因。周公则因亲历武王伐纣时牧野之倒戈,曾提出"天畏棐忱,民情大可见"(《周书·康诰》),"人无于水监,当于民监"(《周书·酒诰》),从而把天命和民情联系起来,以民情视天命。这说明王朝覆灭和更替的过程,民众的基础作用会凸显出来,从而被政治家所认识和提炼,形成思想上的升华。在这一背景下,西周时期的统治者和思想家以天意和民心、君权和政德、王政和保民等关系,提出一系列思想命题,以论证设君、为君之道。由于这些命题是君主及辅臣提出的,因此以君主为责任主体,可将这些命题概括为"敬天保民"理念。在这一理念指导下,提出了比较系统的重民原则和政策。在《周礼》中记载了许多与民本思想相关的政治策略和措施,如采风观俗、体察民情、征求民意等。

综上所述,随着早期国家形态的逐渐建立,民本思想就从初现端倪发展到形成众多相关思想命题,并逐渐体系化。推动这一过程的,是历朝历代统治者及其辅臣,因此基本可以确认,民本思想是作为一种政治思想产生的。

二、春秋战国:传统民本思想的理论化和系统化

在春秋战国时期,传统民本思想基本命题都已经提了出来,形成了大致完整系统的理论框架,因此可以说,春秋战国时期是传统民本思想的确立和系统化的时期。

春秋战国是周天子式微,权力下移,旧的社会权力逐渐瓦解的时代,也是群雄争霸,权力斗争激化,新的社会政治结构逐渐形成的时代。在等级君王制度和君主集权制度的交替过程中,君臣关系紊乱、宗国覆灭、大权旁落、礼崩乐坏的现象层出不穷。据记载,春秋时期曾发生百余起弑君和君主出逃现象。这一时代变革造成了以下几个方面的影响,而民本思想的确立与系统化就得益于此。首先,政治变革的景观势必伴随着民众力量的凸显,统治者和政治家直观感受到了民众的强大力量。他们在反思成败、兴衰、治乱的历史经验过程中,得出了大致相同的结论:得民心者得天下,失民心者失天下;亲民者必胜,叛民者必败。直观的感受和政治思维的发展使政治家们对神与民的理论地位作出了相应调整。《左传·桓公六年》中记载:“民,神之主也”,“圣王先民而后致力于神”。《国语·鲁语上》记载:“民和而后神降之福”。《左传·庄公十年》记载曹刿论战的故事:曹刿认为取得战争胜利的根本保障是君主利民、慎刑。这些思想都是将民置于比神更重要的位置,弱化了殷商时期神的主导地位和决定作用。其次,群雄争霸的现实使统治者和思想家开始

思考什么样的国家政体、君臣关系、君民关系、施政方式是更有利国家的壮大和发展的，更有利于君权的稳固，更有利于战争的胜利，更有利于政令的统一？围绕这一核心命题，各国开始招兵买马，广纳贤士，直接促使了百家争鸣局面的产生。君主们纳贤为自己出谋划策，为的是政治统治的稳固；思想家们则在这一过程中以辩论争鸣的形式谋一家之尊，儒家就是在这一过程中脱颖而出的。再次，百家争鸣局面的出现使抽象化、思辨化、规范化的政治思维得到长足的发展。这一点集中体现在王的概念化和设君之道的理论化上。"在春秋战国时期，'王'、'君'从权力者的称谓抽象为政治范畴。"①"作为一个政治范畴，'王'是君道的高度概括和文化符号。理论上的'王'是奉行'王道'的王，现实中的王者必须接受理论上的'王'或'王道'的规范和制约。"②王的概念意味着以先王、圣王形象为标杆，以理想化的"王"为评价标准，将王权与规范统一化。显然，这个概念是为规范王权、评价王道而设，为现实中的君主设定了存在的条件和行为的规范。理想中的王与现实中的王对照，势必引发人们对现实的王权、王道进行品评，势必引发非议君主现象的增多。随着王的概念化，设君之道也进一步系统化了，设君之道的系统化自然也意味着民本思想的系统化。

---

① 张分田：《民本思想与中国古代统治思想》上册，南开大学出版社2009年版，第92页。

② 张分田：《民本思想与中国古代统治思想》上册，南开大学出版社2009年版，第92页。

儒家民本思想:儒家的民本思想是中国民本思想的主流,这与儒家的学术地位和政治地位相关。在学术领域,儒家的思想比其他各家的思想都要影响深远;在政治领域,儒家一直是政治领域的中坚力量并持续保持着韧性。儒家民本思想的核心观点是“国家是君主之本,庶民为国家之本,所以安定民生为政治之本”①。孔子是儒家学派的创始人,他的思想主要表现为“仁者爱人”“正名”和“富民”。“仁者爱人”指的是以爱己之心去爱人,要求人们扩展同情心,树立责任感,“己立”之后要“立人”,“己达”之后要“达人”。修己身心的目的不仅在于提升自己,更在于“安民”“抚育百姓”。这也正是《大学》中所提倡的修身、齐家、治国、平天下的境界与担当。“正名”与“仁者爱人”实际上逻辑是统一的,“正名”的目的也在于强化君主的义务与责任,既然占据这一位置,就要担负起推行仁政、抚育百姓、缓解民众疾苦的政治责任。在此基础上,孔子提出了富民的主张。《论语》中记载:“子曰:‘庶矣哉!’冉有曰:‘既庶矣,又何加焉?’曰:‘富之。’”孟子和荀子作为战国儒学的两个代表人物,分别发展了孔子的仁学和礼学。孟子以仁为本,推行仁政,将宗法伦理化的帝王论推向极致。他的民本思想主要表现在三个命题中,即“民为贵,社稷次之,君为轻”(《孟子·尽心下》)、“得民心者得天下”(出自《孟子·离娄上》)、“制民之产”(《孟子·梁惠王上》)。这三个命题意思都非常明确,这里不多解释。后

① 刘泽华:《中国古代政治思想史》(修订本),南开大学出版社 2001 年版,第 350 页。

世很多民本思想都是来源于孟子的这三个命题。荀子以礼为本，兼顾儒法二家之所长，在强调礼法，尊君的基础上，提出了一些典型的为君之道，比如“天之生民，非为君也，以为民也”（《荀子·大略》），设君为百姓，因此君主要“民之所好好之，民之所恶恶之”（《孟子·梁惠王下》），还要“节用裕民”，“善藏其余”，“节用以礼，裕民以政”。如若在位之君主不能履行职责，荒淫无道，那么民众将其推翻是合情合理的。前秦儒学发端于殷周之际的主流文化，在春秋战国又得到了系统发展，并奠定了儒家作为政治势力在历朝历代的统治地位。在这个意义上，儒学既是中国传统民本思想的主要载体，也是中华传统文化的主要代表。

道家民本思想：“道家”这一称呼并不是起于先秦，而是汉代以后，汉代以后人们将先秦一批“祖述黄帝、师承老子、崇尚自然、倡导无为”的思想家称为道德家或道家。道家作为一个为中国古代主流政治文化提供资源的学派，其思想中包含着丰富的民本思想。在道家的思想体系中，道是最高范畴，是宇宙本体，万物之母，为万事万物提供法则。老子认为君主及其君主制度就是道在人间的体现，而道设君的目的在于教化百姓。显然，这一思想和儒家“天之生民，非为君也，以为民也”的思想有异曲同工之妙，都有立君为民之意蕴。老子是一个思辨性很强的思想家，他曾论说“贵以贱为本，高以下为基”（《道德经》）的哲理。在高、在上位者应以在下、在小者为基础，虽然抽象，但不难推导出“君以民为本”的观点。在思辨性的哲思之后，老子也明确提出一些爱民治国之策,如"去甚,去奢,去泰"等。他还曾说"为无为",认为:"圣人之治,虚其心,实其腹,弱其志,强其骨。常使民无知无欲,使夫智者不敢为也。为无为,则无不治。"(《道德经》)老子"绝圣弃智"的主张实际是一种愚民以驭民之策(我们在民本思想的内涵章节就已经指出愚民、驭民、使民等观点都属于民本思想)。无为而治被后世很多思想家继承,衍生出与民休息的政策。先秦道家的黄老一派积极求治,其思想资源中也有丰富的民本思想,如"人之本在地""节民力以使""赋敛有度而民富""兼爱无私,则民亲上"(《经法·君正》)等。

墨家民本思想:墨子一度专攻儒学,后来才自成一家,因此其学说受儒家影响颇深。墨子最重要的思想就是主张"正长"制度,建立自上而下的"正长体系",这其中包含着大量民本思想资源。首先,正长体制是"天"为爱民而设,"古者上帝鬼神之建设国度,立正长也"(《墨子·尚同中》)。其次,正长体制的目的是统一天下之义,赏善罚恶,使天下归于太平。再次,君王及整个"正长体系"的在位者要保住自己的地位,必须施行"兼爱交利"之政。"爱利万民"是王者受天命、做圣人的必备条件。复次,实行"尚贤"政治,废止世卿世禄制度,不论出身,选贤任能。在尚贤理念的指导下,墨子还提出了较为完整的"官无常贵而民无常贱"(《墨子·尚贤上》)的官僚制度。墨家的贤能政治影响非常深远。最后,正长制度与"刑政"配套,墨子主张"善用刑政以治民"(《墨子·尚同中》)。除了"正长"制度、"刑政"以及选贤任能的官僚制度之外,墨子的认识论也包含民本思想。

他提出三表法，即"上本之于古者圣王之事""下原察百姓耳目之实""废（发）以为行政，观其中国家百姓人民之利"（《墨子·非命上》）。即是说正确的认识和好的政令来自于古代圣王对历史经验的考察、广大百姓的亲身体验和国家人民利益的实现。

法家民本思想：法家主张君主无为，君主无为的关键在于君主要以高明的手段驾驭臣民，显然这是一种政治权术。在法家看来，君主力量有限，"力不敌众，智不尽物，与其用一人，不如用一国"（《韩非子·八经》）。在君主任贤、兼听的基础上，君主就不必亲自去做、去听，也能够治理天下。这种治国之术的前提就是承认君主依赖于臣民，因此法家十分重视民情、民心的作用，认为如果离开臣民的效力和拥戴，君主是无法稳固自己的政治地位的。基于上述认识，法家提出了较为系统的民本思想。首先，提出立君为天下。"立天子为天下，非立天下以为天子也。立国君以为国，非立国以为君。"（《慎子·威德》）这句话明确表述了民众与君主之间的决定与被决定关系，明确表述了君主应为天下的公利之需而设立。商鞅也曾有类似的表述："故尧舜之位天下，非私天下之力也，为天下位天下。"（《商君书·修权》）其次，普遍认识到民是国家政治之基础。慎到认为，君主的权势仰仗于民众的支持，"得助于众"是使君主能够确立自己君主之地位的决定因素。商鞅认为："圣君之治人也，必得其心，故能用力。"（《商君书·弱民》）由此可见，商鞅充分认识到民众的强大力量，认为一个国家想要富强，必须借助民众的力量。因此他主张用各种手段调动民众的力量为君主政治服务。

《管子》也有相关表述："夫霸王之所始也，以人为本。本理则国固，本乱则国危。"(《管子·霸言》)最后，依据民众的基础地位，提出了系统的法治思想。法家主张立法要符合民众利益。韩非子说："立法术，设度数，所以利民萌便众庶之道也。"(《韩非子·问田》)商鞅说："法者所以爱民也，礼者所以便事也"，"苟可以利民，不徇于礼"。(《商君书·更法》)法家还主张轻罪重罚是为民着想。商鞅提出："重刑少赏，上爱民"，"多赏轻刑，上不爱民"。韩非子的看法与之相同，并用慈母溺爱而"子多败"，父亲严厉而"子多善"来论证"明刑以亲百姓"的君王是好的君王。在法家文献中，可以明确找到立君为天下、民为国本、立法为公、执法为民等主张，可以充分肯定法家虽和儒家民本思想多有出入，但也属于民本论者。

先秦除儒、道、墨、法四家外，还有阴阳、兵、杂、名、农等学派。这些学派的论题比较集中，一般针对专门的课题展开研究和辩论。他们也或多或少地涉及民本思想的论题，为民本思想的进展作出了贡献。名家代表人物邓析提倡法治，反对苛政。他提出："夫水浊则无掉尾之鱼，政苛则无逸乐之士。故令烦则民诈，政扰则民不定。不治其本，而务其末，譬如拯溺锤之以石，救火投之以薪。"(《邓析子·无厚》)也因此，"明君视民而出政"(《邓析子·无厚》)。阴阳家提出"四时之政"，对历代统治者的治民政策有深远影响。在《汉书·艺文志》中收录农家著作九部，农家主张"君民共耕"，以强调农业的基础地位。重视农业的思想与民本思想有与生俱来的关联。兵家的民本思想较为丰富:《六韬》提出"同天下之利者,则得天下"。"人君必从事于富,不富无以为仁。"《孙子兵法》论述了"人和为本""以道理众""上下同心""能得民心"的重要性。①《孙膑兵法》论及"天地之间,莫贵于人"。"杂家"的思想最能体现战国中后期思想发展趋势,那就是百家融合,殊途同归。《吕氏春秋》是先秦杂家的代表作,推崇君主"能齐万不同"(《吕氏春秋·审分览·不二》)的政治模式。《吕氏春秋》中可以找到"立君为天下""民为国本"以及"爱民、富民、利民"等思想和政治策略。但这些学派一方面没有对政治设计提出完整的思路,一方面也没有留下关于民本思想比较完整的著述,在这里不多加赘述。

综上所述,有三点需要说明:首先,诸子百家围绕"天下为一"的共同目的,提出了各自的为君之道、帝王之术,不同的主张和持续的论争造成"百家异说"的社会思潮。但是从上面的论述中,我们发现儒、道、墨、法四家虽然在如何构建和维护政治体制的问题上有分歧,但是在治权在君、民为国本、立君为民等基础民本观点上并无区别,可以说他们的思想是殊途同归的。在这几个流派的思想中,无论从什么角度出发,基本都重视治民问题,主张政在养民,也由此提出了一系列利民富民、教民使民甚至是驭民的手段。也就是说法家不仅重视使民、驭民,也同样提倡富民、利民;儒家和道家不仅提倡爱民、利民,也强调愚民、弱民。爱民和使民毫不冲突地包含在大多数民本思想家的思想

① 参见杨丙安:《十一家注孙子校理》,中华书局1999年版,第2—4页。

中，因此，在这里，我们除了上面提到的“君本”与“民本”的对立统一，又触及“爱民”和“使民”在民本思想中的对立统一关系。儒、道、墨、法四家都提倡两种手段兼备，只是在“尊君”与“重民”、“爱民”和“使民”的侧重点上有所不同，在平衡点的选择上有所不同。其次，在春秋战国诸子百家的民本思想中，基本的民本命题都可以找到，这说明了民本思想在这一时期已经具备了完整的理论框架和丰富的系统内容，更兼备思辨性与形象性，后世的民本思想大多都是对春秋战国诸子百家民本思想的发挥、解说和扩展。最后，现有关于传统民本思想的研究中，有认为民本思想只是空谈，不具备实操的一种看法。应当说，这种看法是不正确的。在历朝历代的民本思想中都包括了具体的养民、富民、利民策略和实践。春秋战国时期也不例外，例如商鞅所指定的一系列富民政策都被付诸实践，并成为秦国国策。推行重民政策并付诸实践是各国变法图强的主要手段。最具成效的是提高了民众对于土地的支配权和选贤任能的官僚体制的建设，在这些策略制度的推动下，土地制度才开始向私有化转变，等级制度的也才具备了流动性，活跃了社会人员流动，推动了政治上中央集权制的发展。

三、从秦汉到魏晋南北朝：在实践中官学化、神学化、大众化的民本思想

秦朝统治者将专横、严苛、酷罚、强权的政治模式推向极致。

如秦二世就声称要“穷乐之极”，一心“独制天下”，不惜“以人殉己”，甚至以“税民深者为明吏”“杀人众者为忠臣”（《史记》卷八七《李斯列传》）。我们可以看到，秦二世的统治严重违背了公认的为君之道，导致了秦朝的灭亡。秦朝的覆灭使法家失去了角逐统治思想宝座的资格。西汉初年，诸帝奉“治道贵清净而民自定”（《汉书》卷三九《曹参传》）的黄老之学为尊，原因主要在于黄老学说的特点符合当时现实的政治需要。道家学派讲究“柔弱胜刚强”，主张刚柔并用、文武兼顾，而这非常符合西汉初年国家残破、民生困苦、亟待休养生息的现状。西汉初年，诸帝依据“与民休息”国策，开展了一系列民本实践，如安置归农军人、恢复民众田宅、减轻租赋徭役、促进物资交流等。这些政策的贯彻成就了文景之治。可以看出，民本思想是作为这些政策的指导原则存在的，说明当时统治者都认同民本思想，并将其转化为治民政策。这一点还可以为汉代初期皇帝的罪己诏证明。因天有异象，在罪己诏中，统治者以民为国本、政在养民来立论，继而由“天降灾异”的异象来判定、反省自己的失德行为。汉文帝二年因发生日食，发布了一份答天谴的“罪己诏”，他说：“朕闻之，天生民，为之置君以养治之……天下治乱，在予一人。”（《史记》卷一〇《孝文本纪》）可见，罪己诏的主要依据和思想逻辑都来源于民本思想。民本思想构成统治思想的组成部分，据此展开的政治实践和历史经验又促进民本思想的进一步发展。其中，贾谊提出的“民者万世之本”标志着民本思想的重大理论进展。贾谊的民本思想表现为以下几个方面：1. 贾谊认为民为政治之本、之命、之功、之力。他说:“闻之于政也,民无不为本也。国以为本,君以为本,吏以为本。故国以民为安危,君以民为威侮,吏以民为贵贱,此之谓民无不为本也。”“闻之于政也,民无不为命也。国以为命,君以为命,吏以为命。故国以民为存亡,君以民为盲明,吏以民为贤不肖。此之谓民无不以为命也。”“闻之于政也,民无不为功也。故国以为功,君以为功,吏以为功。……”“闻之于政也,民无不为力也。故国以为力,君以为力,吏以为力。……”(《新书》卷九《大政上》)2. 贾谊清醒地认识到民众虽然是卑贱者和被奴役者,但是又是可以冲垮暴政、摧毁王朝的洪流,因此民众并不是君王可以随意欺骗的对象。为保国家兴盛,必须谨慎爱民敬民。3. 贾谊看到了民众的基础作用,认为官吏可以变换、政策可以调整,但人民无法更易,因此一个国家的政治方略应该因民而定。4. 贾谊从礼教的角度论证了君主在其位,必须谋其政。“礼,天子爱天下,诸侯爱境内,大夫爱官属,士庶各爱其家。失爱不仁,过爱不义。故礼者,所以守尊卑之经,弱强之称者也。”(《新书》卷六《礼》)他认为礼教规范要求统治者爱天下之民,这是统治者的分内之事。5. 贾谊认为以农为本既是富民之本,也是教民之本。治民、富民的关键措施就是重农抑商。《淮南子》是汉代初年黄老政治的理论结晶,我们以它为例来分析一下道家的民本思想。《淮南子》一方面以道作为最高依据论证三纲五常的合理性,另一方面又指出“食者,民之本也。民者,国之本也。国者,君之本也”(《淮南子·主术训》)。为协调二者,《淮南子》认为最佳的政治境界应该是君民和谐。《淮南子》中不仅记载了民本思想的基本思想，还列有系统的治民政策原则，如要求君主“法宽刑缓”“处静以修身”“俭约以率下”。

虽然在汉代初年，黄老当道，但儒家学者一直活跃在学术领域和政治领域中。一些名儒或者入朝为官，对统治者的思想起到潜移默化作用，或者治学授业，培养了一大批门徒。这些儒学家及其弟子都是民本思想的倡导者和推行人。而又由于儒家政治思想通俗易懂、操作性强，比较易于传播，又包纳各种实用政术，而且讲究仁义孝悌也有利于感召广大臣民。因此，儒家学说更适合皇帝制度的巩固与规范，因此到汉武帝时，就采纳董仲舒的建议，独尊儒术，开启了统治思想的儒学化历史。董仲舒运用“天人合一”的哲理，一方面论证了三纲五常，一方面又指出立君为民，强化了“君为政本—民为国本”的二元结构。由于民本思想是儒家学说的重要组成部分，因此自汉武帝独尊儒术以来，民本思想迎来了一个发展的小高潮。自汉代以来，书斋与朝堂中引证民本思想来论证政治的思想可谓随处可见。

自儒学官学化以后，儒学与皇权的结合就一再加深。在统治者积极扶持、大力倡导下，儒家经典成为经学权威，一方面形成了更完整的王权论证体系，另一方面也完善了王权的规范体系。儒学与皇权结合的标志性事件就是孔子崇拜和经学崇拜现象的兴起。在孔子崇拜和经学崇拜弥漫性扩散的过程中，以儒学经典为载体的民本思想的发展趋势可用大众化和神学化进一步概括。民本思想的大众化一方面是由于儒家经学在发展过程中呈现出的派别丛生、争论的情况逐渐溢出官学范畴，向社会各阶层扩散；另一方面是民本思想的神学化的伴生效应。在儒家经典崇拜和今文经学风的影响下，谶语、谶记、符命，即预言吉凶的隐语和判定王者的谶纬之学大为盛行，汇集成了一股波及全社会的政治思潮。不仅统治者和朝廷百官，就连普通民众也大多迷信谶纬之术。王莽、汉光武帝借助图谶谋取天下；汉章帝钦定《白虎通》为官方学说；在一定程度上反映下层民众心声的《太平经》也打上了谶纬的烙印。谶纬之学假托孔子之言，以神秘荒诞的方式解释经学，为孔子和儒学披上了神秘色彩，将儒学转化为神学。总结说来，谶纬之学和谶纬思潮是汉代经学向怪诞、向流俗、向大众演化的一种流变，在强化经学神秘色彩的同时也促使经学走向大众化。“神化经典、神化孔子也就为天谴、革命、改制、德政、崇公、尚贤、重民等经义中的政治调节思想提供了神圣性的依据。”①可以说，民本思想也是谶纬之学的内容，谶纬之学中的民本思想主要是以阴阳、五行、星象、八卦、象数、河图等充实了天人一体、天人感应的理论。这类思想为君民一体提供了神圣依据，又为君臣之义务设定了规范，还以此论证了天谴与革命的正当性。值得一提的是，谶纬中还描绘了“富者不足以奢，贫者无饥馁之忧”的均平理想，这一社会和谐的景象也与民本思想息息相关。谶纬之术最具有大众化的影响是，在发生政治危机的时刻，一条谶语甚至相当于千军万马。因此谶

① 张分田：《民本思想与中国古代统治思想》上册，南开大学出版社2009年版，第208页。

纬之学也以神秘化的方式向全社会各阶层输送了民本思想的核心价值,使民众的地位和作用深入人心。

东汉末年政治批判思潮进一步推进民本思想的大众化。东汉时期,迷信、谶纬崇拜弥漫整个社会。同时,外戚专权、宦官专政等现象又导致朝廷内部纷争不断、社会矛盾日益严重。面对这两种现象,批判社会现实、指责贪官污吏、驳斥谶纬思潮的政治批判思潮随之兴起。具有规范功能和批判导向的民本思想在其中发挥了重要作用,成为这股社会批判思潮代表思想的重要理据。东汉末年的社会批判思潮主要依据的民本思想有:1. 以君民一体、立君为民为依据,主张强化中央集权,根除外戚、宦官专权,重整朝纲。2. 以君臣一体为依据,主张任用贤能,克服任人唯亲、外戚专权的弊端。3. 在"尊在一人"的前提下,主张以仁爱之心,推行德政,教化百姓,减轻负担,缓解民困,治国安民。这批思想家对土地、农桑、赋役等经济政策尤为关注,强调"富民为体""重农抑商""限制兼并""分配土地"。这一社会批判思潮的代表人物不仅有像荀悦、崔寔、仲长统等当朝官员,还有王符这种与官方疏离,终生不仕的思想家。王符以民本思想为政论的主要依据,论证了"天之立君,非私此人"(《潜夫论·班禄》)、"帝以天为制,天以民为心"(《潜夫论·本政》)、"官长正而百姓化"(《潜夫论·班禄》)、"为国者以富民为本"(《潜夫论·务本》)。王符的例子表明,民本思想不是统治阶级及其智囊团的私利,已经是社会共识。除此之外,《太平经》中的民本思想也表明民本思想不是少数儒学思想家的专利,它已经获得了包括普通民众在内的社会各阶层的广泛认同。《太平经》中的民本思想表现为以下几个方面:1. 从民众地位的角度,指出民众对君王的不可或缺性。“君少民,乃衣食不足,令常用心愁苦。”(《太平经合校》第150—151页)也就是说国家财政取自于民,民众是君主和官僚的衣食父母,统治者离开人民是无法存活的。因此君必须以民为本。“夫民臣,乃是帝王之使也,手足也,当主为君王达聪明,使上得安而无忧,共称天心,天喜说则君延年。”(《太平经合校》第150—151页)也就是说,臣民都是帝王的手足,当帝王能够爱护百姓,不做自损手足的蠢事,使天心喜悦,那么君主也能够保其地位安稳。“君而无民臣,无以名为君”(《太平经合校》第150—151页),也就是说君与民本是相对而言,因为有民,才有君,如果没有被统治者,君也就不成其为君了。2. 从设君的前提和责任的角度指出“君主代天治民”,即“帝王,天所命生。以天为父,以帝为母”(《太平经合校》第321页);指出设君的目的是养育、治理、教化民众,如果“臣民无君”,就“不能自治理,亦不能成善臣民也”(《太平经合校》第150页)。3. 从政治存亡延续的角度指出政在养民。“见饥者赐以食,见寒者赐以衣”(《太平经合校》第228页),也就是主张以仁爱之心周穷救急。“是故上古帝王将任臣者,谨选其有道有德,不好杀害伤者。”(《太平经合校》第207页)也就是说要选贤任能,惩治不道德之官吏。“古者圣贤,乃贵用德与道,仁爱利胜人也,不贵以严畏刑罚,惊骇以胜服人也。”(《太平经合校》第144—145页)也就是说反对重罚重刑,认为这不是治国之道,主张以德治国。

东汉末年，经学进一步僵化发展，名教也逐渐虚伪化发展，加之时世大变的时代背景，对经学、政权、世风持批判态度的人越来越多。随着汉朝政权的没落，经学也衰落了，魏晋南北朝时期，崇尚自然的玄学取而代之，成为主角；玄学和经学进一步融合互释，哲学基础的转变并没有促使民本思想以新的思路和命题出现。这一时期的民本思想主要是从儒道相融的角度阐释先秦时期与民本思想相关的思想材料，如何晏的《论语集解》对《论语》所记载的孔子的重民思想多有解释，他从“民为国本”出发，主张统治者必须谨慎、诚信、节用，推行各种重民政策以养民。再如，王弼的《老子略指》和《周易注》阐释了《老子》和《周易》中与民本思想相关的思想材料。

综上所述，从西汉至魏晋南北朝时期，中国传统民本思想的重大进展在于其官学化和在神学化的过程中走向大众化。历朝历代，见于政论中的立君为民、设官为民、施政为民的事例不胜枚举。相关的议论也大体涵盖了民本思想的主要内容，甚至是北方族群进入内地建立的北朝政权也不例外。

四、唐宋：民本思想的进一步实践化与哲理化

隋唐时期，中央集权的专制制度已经发展了800余年，无论是在体制上还是在配套理论上，都日益完善，与君道理论密切相关的政治哲学也有了新进展，那就是天道自然论在学术界逐渐

占据了主导地位，到唐代，实用主义和功能意识凸显出来。君道与儒学互为因果，又在多种文化因素的融合中共同发展，为其中所蕴含的民本思想的实践化与哲理化奠定了基础。

隋唐诸帝大多既是政治家，又是思想家。民本思想大多来源于政治实践，又面向政治实践，因此，他们的政治思想中的民本因素大多具有可操作性，直接表现为民本政策与措施。分析这些帝王的民本思想，可以很明显地察觉出其与许多理想化的思想家的坐而论道大不相同，实用性和实效性凸显。以唐太宗为首的统治集团认识到民生安定为政治之本，从而自觉地依据民本思想的基本思路确定治民方略。唐太宗的民本思想主要表现为四个方面：1.“天下为公”，君主必须为天下众生谋福利，不能横征暴敛，满足一己之私。2.“日所衣食，皆取诸民者也”，民众是赋役之源头，为君之道必须先存百姓，若损百姓以奉己身，势必遭到报应。3.“天子有道，则人推而为主；无道，则人弃而不用，诚可畏也。”警示君主治民治国都必须谨慎，要敬民畏民。4.君如舟、民如水，民载舟还是覆舟，都取决于君主的政治措施。在《旧唐书》《唐太宗文集》《贞观政要》等文献中还记载有很多重民原则和政策，如君主无为、顺应民心、俭以息人、以农为本等。武则天、唐玄宗也著有关于民本思想的著作，唐代诸帝对传统民本思想面向实践的政治加工把民本思想推向一个新高度。而这些民本思想又都面向实践，为开创盛世作出了贡献。

《五经正义》是唐代官方儒学的主要载体，我们可以此为据，考察唐代统治者的民本思想。《五经正义》中阐述的哲学本体论已然迥异于汉,其倡导一种自然本体与伦理本体相结合的道论。汉代讲究神圣之天,唐代讲究自然之道,汉代认为“道之大原出于天”,唐代的《五经正义》则高举大道为本之旗帜,从自然之道出发,论证了伦理之道德合理性,为专制制度和君主政治正名。承认王权的绝对性,就是承认调整王权、规范王权的必要性(中国古代正统思想逻辑一直如此)。在《五经正义》中,君德的部分反映了民本思想,君德的大体范围如下:体道行德、泛爱众生、大公无私、诚信公平、谦恭谨慎、虚怀纳谏、崇尚节俭、养民利民、居安思危、慎终如始等。

唐代思想家依然如以往一样,都将民本思想作为其政治理论的主要依据。在阐释各个思想家的民本思想之前,首先要明确唐代儒、道、佛互释与融合的学术背景。儒学思想家以儒学为正统,但大多兼容佛、道,建构通变的政治思想;道士在将道论与政论融通的过程中也会纳儒于道。但无论前者还是后者,其政论都包含丰富的民本思想,这里仅仅选取影响较大、思想新颖的两位代表人物——柳宗元、韩愈——予以介绍,说明唐代民本思想的新进展。柳宗元的思想一定程度上突破了原有民本思想的框架,他的本体论立场是天道自然观,认为自然和社会是互不干预的两个领域,天地并不能干涉人间的赏罚与善恶。这在否定天人感应的基础上强调了人的作用,使儒学迈进了一大步。在社会领域正确认识人的地位和作用的基础上,他将社会矛盾视作国家与政治制度发生与发展的原因。由此,他还认为君主也是由民众拥戴而确立的,“是故受命不于天,于其人;修符不于祥，于其仁”（《柳河东全集》卷一《贞符》），否定了上帝、圣人创造君主专制的说法。柳宗元依据“生人之道”抨击暴政，指出土地兼并、税赋不均、贪污腐败、官苛吏酷是造成严重社会问题的根源。由此可见，柳宗元的思想吸收了佛学思想，具有思辨性和现实主义气息，为民本思想增添了新思路。另一位代表人物韩愈效仿佛教与道家的道统论，提出了儒学的道统体系，并自觉概括儒学思想并与异端思想作战。在此基础上，他论证了君主专制制度的合理性，指出圣人与道同体，而圣人又使臣民不为禽兽，使中华不为夷狄。君、臣、民是三个完全不同的等级，君是政治主宰，臣是君命执行者，民是有政治义务的被统治者。而每一等级必须恪守其职，各尽其分。而君主的职责就在于抚育、教化民众。

唐代末年，政治腐败、社会矛盾激化，翰林学士刘允章在《直谏书》中指出了当时的民众八苦：“官吏苛刻，一苦也；私债争夺，二苦也；赋税繁多，三苦也；所由乞敛，四苦也；替逃人差科，五苦也；怨不得理，曲不得申，六苦也；冻无衣，饥无食，七苦也；病不得医，死不得葬，八苦也。”（《全唐文》卷八〇四《直谏书》）《直谏书》的立论依据显然也是民本思想。社会弊端暴露愈加充分的背景下，不同阶层、背景的人们纷纷反思和批判社会和政治，汇聚成一股社会批判思潮。其中，皮日休主张：“圣人务安民，不先置不仁，以见其仁焉；不先用不德，以见其德焉”（《皮子文薮》卷五《秦穆谥谬》）。意思是说不行道就会遭到报应，乃至丧身，不举贤，甚至足以亡国。罗隐主张君主要明白贵贱之理："苟以修德，不求其贵，而贵自求之；苟以不仁，欲离其贱，而贱不离之"（《两同书·贵贱》）。谭峭认为贫富悬殊是社会动荡的主要原因，基于此他提出以均食和尚俭解救社会危机。他指出："食均则仁义生，仁义生则礼乐序，礼乐序则民不怨，民不怨则神不怒，太平之业也。"（《化书·天平》）

五代十国的统治思想大体继承于前代，没有什么实质性的进展，在历史记载当中，依然可见大量皇帝依据民本思想施政养民，官僚援引民本思想劝谏君主的事迹。这说明古代民本思想是公认的施政之道，政治清明或腐败并不是由于统治者对民本思想的认识，而是能否真正按照民本思想去实践。

鉴于五代十国之失，宋代诸帝更加着重于强化中央集权，限制各级官僚权力，奉行重文轻武、重视科举、广开仕途的政策。也正因为如此，冗官、官费、财匮成为长期困扰宋代朝廷的大难题。因此如何强国富民、减轻民众负担，成为朝堂议政的常见话题。这种状况下，统治者和官员在是否变法一事上实际上达成了共识，随着各种变法被采纳、又被废黜，改革的思路、举措、成败又为思想的进一步发展提供了重要的事实依据和动力。范仲淹认为："圣人之德，惟在善政，善政之要，惟在养民。"（《范文正公文集》卷八《上资政晏侍郎书》）他主持庆历新政，提出了"抑侥幸""精贡举""择官长""均公田""厚农桑""减徭役"等十项与重民有关的改革措施，着力要达到"兴公家之利，救生民之命"。范仲淹的重民思想包含着非常明显的"君本与民本统一"的结构，他一心要使君政无过，使百姓无怨。怀着这样的抱负，几经贬谪，壮心不已，终于将民本思想贯彻成了朝廷的政策。王安石对经典文本中的重民思想多有发挥，在基础上提出了一套包括爱民与愚民在内的民本理论。他一方面强调君主必须爱育百姓，使百姓安定，另一方面又认为使百姓愚昧无知、只知道耕种，安居乐俗，才是治国之要。这种思路在历朝历代的民本思想中并不少见，这些思想家将爱民与愚民统一在自己的理论体系中，无非是要通过安抚百姓、教化民众以达到维护统治的目的。王安石的反对者司马光指导编纂的《资治通鉴》史论结合，一方面发挥历史的镜鉴作用，另一方面又以“臣光曰”的形式发表政论以达到“资于治道”作用。他提出了比较系统的治国之道，为君之道，其中包含丰富的民本思想。他重新界定了君主的范畴，认为只有能保全万民者才可称其为君，而贤君的特征则是“兼爱兆民”“不可欺民”“察民之仇怨”“以德待民”。在他看来，天子之所以能统治天下，征讨不服之国，使政令推行，统一法度，都是由于爱护百姓；而好的君主一定不能以欺诈的手段对付民众，民众对国家起到基础作用，而笼络民众的最好手段是取信于民；切忌民众愁苦抱怨而君主不知的情况发生，小民之情郁而不上通，会导致离叛危亡；而如若君主滥杀无辜，刑罚过于严厉，就会导致民众揭竿而起，取而代之。

民本思想在宋代发展的里程碑在于理学思潮的兴起。理学的出现得益于儒、道、佛三教的争衡与归一，但从根本上说则是儒学遵循自身内蕴的逻辑不断深化和升华的结果。在这里，首先要说明理学政治思维的基本特征，在此基础上再谈论民本思想，才能分辨其与前代之不同。宋代理学诸家以自然化的天理为本体依据，为人伦纲常正名，他们将“三纲五常”说成天然之必然。一切违背三纲五常的思想都被说成是人欲。只有存理灭欲或存心灭欲才能达到至善。进修的最高境界就是内圣外王，即兼圣人的内心至善与王者的博大事功于一身。这样的人无疑就是完全按照三纲五常的规范进行活动的人。对此，张分田先生的一段话说得非常精湛：“他们以‘万殊一体’论证天道与人伦同实而异名；以‘理一分殊’论证三纲五常为人道、政事之本；以‘自然之理’论证等级制度、君主制度及相关的各种社会规范；以‘内圣外王’论证心性之学与帝王之道；以道统论弘扬儒学、规范君统、判定正统；以‘格君心之非’论证臣子事君、正君之道；以圣王合一、君道同体论证理想化的王道政治。”①

理学的产生使宇宙、政治、社会形成严密互证的逻辑关系，为专制主义中央集权的政治体制和价值体制提供了非常完善的政治思路，标志着完全的绝对化。与之相应，民本思想也达到了登峰造极的程度。“君为政本—民为国本”的结构框架在理学家的思想中平衡发展、双向强化。如周敦颐既主张“天下之众，本在一人”，又主张“以政养民，肃之以刑”。在程颐、程颢的著作中，民本思想占重要地位。他们认为：“人主所以有崇高之位者，盖得之于天，与天下之人共戴也，必思所以报民。古之人君视民如伤，若保赤子，皆是保民也。”（《河南程氏遗书》卷一九）

① 张分田：《民本思想与中国古代统治思想》上册，南开大学出版社2009年版，第208页。

也就是说，君主能够为君主，是人民拥戴的，因此所思所想必须是报答民众，先王视民如子，爱护抚育之，都是报答民众的典型。二程还说明了对君民关系的看法：“民不能自保，故戴君以求安宁；君不能独立，故保民以为安。”（《周易程氏传》卷一《周易上经上·比卦》）也就是说民和君是相互依赖的，民靠君保全，君靠民保其位。他们还借助《周易》，从个人义务与职责的角度论证了君在养民。这一思路可广泛见于各朝各代的民本思想家的文献中。实际上，民本思想的基本思路在春秋战国时期奠定之后，就没有大的变动，不断变动的是民本思想的哲学基础、传播程度和形态特点，而这些又是根据古代专制主义制度的调整变动的。朱熹是理学的集大成者。朱学讲究格物，陆学讲究明心，二者都极为重视孟子的命题“民贵君轻”。

宋末元初，社会急剧动荡，许多士人规避山林。他们在批判现实的过程中推动了异端思想的发展。诸多异端思想中也包含民本思想，进一步说明了民本思想的接受度和传播度。邓牧认为尧舜时期是“至德之世”，他们做到了天下为公，三代以来，这种政治模式一去不复返。君主专制天下，控制民众，官员也犹如虎狼盘剥百姓。他将君主与官僚比作盗取天下的贼，认为君主专制制度是一切灾害的根源。邓牧彻底否定秦汉以来的君主专制和君主，标志着政治批判思考的新进展。在后面介绍明清之际的民本思想时，我们还可以看到这种异端思想。所谓异端无非是否认君主专制，抨击秦汉以来的所有帝王，他们连遣词造句都非常相似。但同样相似的是他们一面抨击君主制度，一面又期盼圣贤为王，所提倡的改制也无非是在原有基础上的修补，不是要求回到三代，就是要求缓解中央集权。理想化的君主政治模式是他们的政治理想，因此并没有突破“天作君师”的固有框架。同样，民本思想也没能突破君本与民本二合一的结构框架。

五、元明清：民本思想的泛理学化和极致化

明清之际，君主专制达到前所未有的集中度，随之，在社会批判思潮中，民本思想中的“天下为公”“民惟邦本”等理念也被发挥到了极致。这期间的一个重要的标志性事件就是程朱理学被奉为官学，此后，所有的政治议题和意识形态框架都是以理学为哲学依据，并遵循理学的思维模式进行。被广为称道的黄宗羲、顾炎武、王夫之都属于理学的传人，其他思想虽然在学术方法上与理学有差异，但政治思想并没有超越理学的基础框架，因此明清时期的民本思想是以理学的泛化为前提和依据的。

元朝张养浩以致君泽民为政治理念，表达了自己的民本思想。在《时政书》中，张养浩依据立君为民、政在养民的理念阐释了这样的道理：“盖天之于物也，无不爱；王者之于民也，无不养。养民之道无他，不夺其时而已矣。时不夺，则民力足。民力足，则生理饶。生理饶，则礼义兴。礼义兴，则风俗美。风俗美，则教化成。教化成，则天下治。故为国以养民为本，养民以不夺其时为本。”（《归田类稿》卷二《上书·时政书》）依据此道理，张养浩对统治者、为官者、宰辅提出了政治规范。首先，对统治

者,他为民请命,阐释了君德、君道、君体、君威、君治。他认为天道即君道,天道无私,因此人君也应该无私。尧、舜、禹正是以无私自立,夏桀、商纣、周幽王等则都是自私之君。是公是私主要看是以天下为中心还是以“一身之乐”“一时之适”(《归田类稿》卷一《经筵余旨·君道篇》)为中心。其次,对为官者,他提出一系列官僚规范和施政技巧。他将只讲一己之私的官员比喻成瘴气,认为有“租赋之瘴”“刑狱之瘴”“货财之瘴”“工役之瘴”“帷薄之瘴”(《三事忠告》卷一《牧民忠告上·上任第二·瘴说》)等,而一旦民怨神怨,官僚将遭到大报应。最后,他还详细列明了宰辅的行为规范:修身、用贤、重民、远虑、调燮、任怨、分谤、应变、献纳等。由此看来,元朝虽是少数民族立朝,但民本思想并没有局限在书斋中,而是在政治实践中有一定的施行。

在明朝,民本思想依然是在理学框架之下加以论证的,随着理学的广泛传播,民本思想也进一步大众化。明朝诸帝大体上都对民本思想是认同的,明太祖、明成祖对民本思想的践行表现如下:援引民本思想论证皇权取得的合法性;依据民本思想确立统治方略;尊崇阐释民本思想的儒家经典及其注疏;将民本思想纳入科举考试的范围。但需注意的是皇权的极致化发展使明朝皇帝对各种劝谏之言或影响皇权绝对性的思想愈加排斥。但这并不意味着统治思想向简单化发展,相反在皇权的极致化发展过程中,论证皇权合理性以及为君之道的统治思想愈加体系化、完善化,而民本思想作为政治调节理论的作用也愈加凸显。然而,理论并不等同于实践,从明朝诸帝的政治实践来看,明朝的皇帝没有认真履行思想家们提出的民本政策与原则。

说到明朝的民本思想，不能不谈王守仁的心学，心学的发展给民本思想的论争带来了一种新的思路。王守仁以心为本体，万物同源为依据，指出："夫人者，天地之心。天地万物，本吾一体者也。生民之困苦荼毒，孰非疾痛之切于吾身者乎！"（《王文成公全集》卷二《语录二・传习录中・答聂文蔚》）既然万物同源，统治者理应以天地万物为一体，视民如子，视国犹家。因此王守仁认为只要君主有良知，得至善，那么爱民养民是顺理成章的。因此，君主施行民本，前提就是"致良知"。人人皆有良知，然而心中的私欲会屏蔽良知，所以必须"破心中贼"。王守仁以这种致良知的方式维护封建统治秩序。以此为据，他还提出了"格君心之非"，提出了一系列君主规范。王守仁虽然强调人的主体意识和道德人格的自我完善，但并不是只讲个人修养，不讲治民方略，相反，他在治民方略上也多有实践：他多次率兵剿抚民变，并首创十家牌法，组织团练民兵，还订立"乡约"，兴举"社学"，旨在使民众能革心向化。

在明朝的民本思想家群体中，李贽是不得不提的人。他反对儒圣、道统等说法，认为孔子的圣人地位是后人所强加，不应以孔子的言行作为衡量一切的标准，以儒家道统压制异端思想也是不人道的。他认为："吃饭穿衣，皆是人伦物理；除却穿衣吃饭，无伦物矣。"（《焚书》卷一《书答・答邓石阳》）凡人圣人在本源、本性、本能上都具有同一性，因此并不具有什么差别。主张众生平等的思想在一众纲常名教的言论中令人耳目一新。

也因此，人必有私，要充分尊重人的个性、私欲、顺应民众要求，君主的治民之道首先就该是顺应“民之所欲”。明朝中期以后，朝廷腐败、社会矛盾加深，权力冲突演变成了朋党之争。这里要说的是东林党，东林党人都是宋明理学的拥护者，他们以理学为政治批判的武器，对社会弊端进行了猛烈批判。他们的民本思想主要可以概括为两个，一是抑制君权，主张君主重视民生，惩处贪官；他们认为：“夫天下至大，亿兆人至众。天为民作之君，君又为天下立之相，是以君以天下为度，不得以天下徇其欲也。”（《徐念阳公集》卷三《无欲然后可以与言王佐》）另一个是张扬民意，主张君主立政为公，虚心纳谏。“是非者，天下之是非，自当听之天下。”（《顾端文公年谱》卷三《刻以俟录》）东林党人认为芸芸众生置于朝廷之外，能够客观、率直地评价朝廷之是非，因此千万不能因为民众地位卑贱，就弃其意见于不顾。

清代将皇权推向极致，民本思想也随之达到极致，具体表现为儒家民本思想在批判思潮中依然呈现强韧的生命力和保守性。黄宗羲在《明夷待访录·原君》中将人类历史分为三个阶段，第一个阶段是无君时期；第二个阶段是王者大公无私的时代，即尧舜时代，尧舜时代的君主只为天下兴除利害，不以一己之利为利，公而忘私，因而创造了人类盛世；第三个阶段是秦汉以来君主专制的时代，秦汉以后，君主“以我之大私为天下之大公”，“使天下之人不敢自私，不敢自利”，君主成为天下之大害。因此黄宗羲主张“天下为主，君为客”。回顾上面的论述，我们可以看到黄宗羲的思想虽然尖锐，但并不是前无古人，宋末元初的异端思想家邓牧的观点和黄宗羲如出一辙。详细考究，还有其他思想家也都提出过这种思路，因此不能说这一思路多么新颖，但也确实顺应了当时社会发展的潮流，击中了政治结构和体制的要害。顾炎武的思想和黄宗羲非常相似，他认为天下是天下人的天下，不应属于“一家一姓”。他还指出君主只是一种职业，和农夫、走卒、商人的性质是一样的，并不具有“绝世之贵”。顾炎武的思想将孟子的“民贵君轻”发挥到了极致。同样，王夫之也认为“以天下论者，必循天下之公”，“不以一人疑天下，不以天下私一人”（《资治通鉴》卷末《叙论一》）。王夫之也同黄宗羲一样痛斥秦汉以来的政治制度，认为君主违背天下大公，思其子孙以长久，是天下动乱的主要原因。要根除这种弊端，就必须施行“天子不独富，农民不独贫”的制度。

黄宗羲、顾炎武、王夫之的民本思想有以下特点：一是击中了社会弊端的根源，提出了改造社会的途径。他们都认为君主集中制是社会弊病的主要根源。黄宗羲主张恢复宰相制度，设立相对独立的边镇，实行学校议政制度，倡导工商皆本；顾炎武主张适度强化地方权力，改革育才选官制度；王夫之认为要实行分级而治，主张效仿隋唐，实行逐级负责制度，恢复并完善宰相制度、会议制度等。可以看出他们的改革措施虽然具有可行性，但并没有脱离封建统治的框架，只是在效仿前朝或回归圣王时期，走的是回头路而不是革命路。二是包含了一些以往民本思想中所没有的新因素，并在一定程度上反映了当时社会发展的要求。如黄宗羲主张工商皆本，主张发挥士大夫群体的清议作用，接受舆论监督，太学的祭酒、郡县的学官由士人公推，并由他们代表民意。这些提法都与民主思想有相通之处，内含着一定的现代性政治因素。三是依然没有脱出君主专制政治思想的框架。从理论结构上看，他们依然固守君本与民本的二元框架。黄宗羲讲君主是天下大害，又盼望“君心自悟”，圣主降临，然后能采纳他仿效西周王制的“圣王制度”。王夫之的尊君言论非常多，唐甄在痛批君主制度之后又埋头著述，阐发为君之道，设计理想化的君主政治。从思维方式上看，他们的思维方式依然与孔孟等大儒的整治规范设计思维一致，无非认为天下为公，立君为民，治权在君。如黄宗羲的“天下为主，君为客”是将为天下的设君之道推向极致，顾炎武的“天下高于国家”是将孟子的“民贵君轻”推向极致，王夫之的“循天下之公”是将“天下为公”推向极致。据此，可以判定他们的主观意图是维护儒学正统，弘扬圣王之道，以明道救世。明清之际的社会批判思潮将儒家民本思想中的基本思路发挥到了极致，为冲破其固有框架提供了可能，黄宗羲等人的民本思想也确实包含着时代的新因素，一定程度上孕育着现代民主的萌芽。但是这些人还都属于传统政治思维的范畴，并没有真正突破原有框架，“民本与君本”的二元结构体还是相对平衡的，并没有被打破，因此依然属于我们所研究的旧民本主义思想。

鸦片战争的爆发为中国带来了一种外来的政治思维，从此民本思想也发生了裂变与转型。近代以来，被称为民本思想的有两大类型，一类是继续守孔孟之道、保皇权之制度的旧民本思想；另一类是或借孔孟之道，倡导民权之说，或批孔孟之道，走民主之路的新民本思想。前者依然属于传统政治思维范畴，后者已经脱出了这个范畴，属于现代政治思想了。后者不在我们的研究之列，在此不再展开。毫无疑问的是，中国古代传统民本思想是与封建专制主义制度同在的，是全面论证君主制度及其统治方略的政治理论。

第三节　传统民本思想的发展规律、基本内容和历史逻辑

通过对中国传统民本思想发展阶段及各阶段发展思想及其特点的介绍，民本思想的发展规律、基本内容和历史逻辑已经初见端倪。本节就详细介绍中国传统民本思想的发展规律、基本内容和历史逻辑。

一、中国传统民本思想的发展规律

传统民本思想是与中国古代君主制度相配套的统治思想与政治调节理论之一。民本思想的发展规律可以概括为两个方面：一是随着中华传统帝制的产生与发展而产生与发展；二是每当社会危机、王朝更替之际，民本思想又会以单独进展的方式获得相应发展。

在详细探讨民本思想随君主专制制度的发展而发展之前，首先应明确民本思想属于古代统治思想，即君主规范之一，它与整个古代统治思想体系是一体的，是以统治思想体系为基础的，不能脱离整体思想体系的发展来单独说民本思想的发展。随着王权产生，也产生了最初的政治观念，而在最初的政治观念中已经蕴含民本思想。这时候的民本思想是与天下共主相适应的“王天下”的观念和“代天牧民”的观念。浓厚的宗教色彩和宗法属性是这个时期民本思想的主要特点。三王时期的王权制度已经蕴含了君主集权制度的萌芽，随着春秋战国时期君主集权制度的孕育和确立，民本思想迎来了确立和发展的高潮，百家争鸣的文化背景又为后世提供了民本思想的不同范型。这个时期的民本思想一方面实现了理论化和思辨化，另一方面也得到了一定的普及。民本思想的基本思路和主要内容在春秋战国的百家争鸣中已经形成，通过上述发展阶段的分析，我们也看到后世的民本思想基本未能超过春秋战国时期民本思想的基本思路。秦汉以来中央集权的皇权制度确立，民本思想作为统治思想的一部分也逐渐成为官方学说，重要标志是汉武帝时期的独尊儒术。其后历朝历代民本思想都随着官方意识形态哲学基础的变动而呈现出不同特点。东汉以来，随着儒学被神秘化、孔子被神圣化，民本思想也呈现出神秘化色彩，并逐渐走出统治者官方思想的范围，为社会各阶层所广泛接受。唐宋时期，皇权与帝制达到鼎盛时期，君道理论也逐渐成熟且完备，民本思想实现了进一步的实践与大众化发展。除此之外，帝制的鼎盛也带来文化的融合，儒、道、佛的融合虽然在以往已存在，但到了唐朝，融合程度前所未有，民本思想的思路进一步得到拓展。宋代理学的出现，为君道理论提供了天道与人伦相统一的基础框架，并完成了非常完备的修身治国平天下的致善路径。以宋代理学为基础的民本思想也进一步哲理化、思辨化和大众化。元明清时期，帝制进一步强化，明太祖取消宰相制度，使皇权逐渐向绝对化发展。皇权高度集中导致社会问题频发，各种抨击朝政、中央集权制度的声音此起彼伏，汇聚成一股股社会批判思潮。在批判和反思中，人们也将各种规范和制约皇权的民本思想发挥到了极致，极致化发展的民本思想自然而然也孕育出了现代民主的萌芽。但需要注意的是，这个时期理学依然占据官方意识形态的地位，批判中央集权制度的声音也都以理学为基础，没有超出孔孟之道的范畴，民本思想也没有突破固有的框架，转化为现代民主思想。但不可否认的是，这个时期的民本思想已经发生了一些实质性变化。

民本思想作为封建专制的制动器，会因为王朝更替、社会危机，以单向度进展的方式获得相应发展。农民起义与民本思想的新高潮在历史中往往交替出现，贯穿中国封建社会整个历史进程。秦二世公然以“极欲”伤民、害民而导致秦末农民起义爆发，汉朝以此为戒，将民本思想融入正统意识形态。从黄老之学的“与民休息”到大一统思想的“天人感应”，从贾谊的民乃“万世之本”到董仲舒“而天立王以为民也”（《春秋繁露》），无不闪耀着以民为本的光彩，这可谓民本思想发展史上的第一次高潮。

隋末农民大起义后,民本思想掀起第二次发展的高潮,其中最具代表性的民本思想是唐太宗所提倡的君民、君臣之间的“舟水”关系。明末农民大起义后,民本思想在部分汉族士大夫对专制主义的制度反思中达到第三次高潮。那时社会批判思潮中的民本思想对皇权批判的猛烈程度前所未有,对近代民主的启蒙影响深远。

二、中国传统民本思想的基本内容

有些学者从治民之策的角度认识民本思想的内容,认为民本思想基于价值层面的民为国之基础,一方面要求君主“重民”“保民”“安民”“爱民”“恤民”“济民”“亲民”“利民”“惠民”“裕民”,另一方面基于民不安,则本不固、邦不宁的认知,崇尚法家的帝王之术。诸如“用民”“驭民”“使民”“弱民”“牧民”“愚民”“畜民”等都在此列。这类观点比较普遍,也有其道理,但是对民本思想内容的概括并不完善,除了治民之策,民本思想还包括设君之道、为官之道以及各种政治关系论。除此之外,还有些学者只看道民本思想的重民、利民等正面的治民之策,而忽视了民本思想中负面的治民之策,这样的研究有明显的缺陷,在此不加展开。

有些学者从重民的角度认识民本思想的内容,强调民本思想中国运与民心、民心与民生的联系。不可否认,这类看法抓住了民本思想中的一条重要线索,顺着这条线索前进,很容易就能够知晓民本思想的工具性质和缺陷。但重民思想不能完全涵盖民本思想的全部内容。同样，利民、富民、教民等内容与重民一样，都只是对治民之策的一种概括，不能用它们直接替代民本思想的全部内容。

还有学者从政治关系的角度去概括民本思想的内容。政治关系论的内容无疑非常丰富，包含天与民、天与君、民与君、君与官、官与民各个方面。大部分学者从民贵君轻，君臣关系相对性，天、君和民三者结构的角度去论说民本思想。这类思路有合理性，因为民本思想围绕民为邦本，涉及一系列的政治关系论，并由此出发论证了君权合理性和相对性。这样看来，从政治关系论能够直接导出为君之道、为官之道和设君之道。虽然具有合理性，但是从政治关系的角度去概括民本思想的内容毕竟还需进一步推导，因此也有一定缺陷。

还有的学者依靠儒家民本思想来界定整个民本思想的内容，比如金耀基先生概括了儒家民本思想的六个要义。金耀基先生的观点为我们深度分析、高度概括民本思想提供了坚实基础，但是我们在研究中也发现，诸子百家都蕴含丰富的民本思想，甚至诸家学说有共同之处，而且在民本思想的发展中，诸家学说是走向融合的。因此此类概述也有缺陷。

还有一些学者的思路更具有概括性，视野也较为开阔。如冯天瑜在《人文论衡》中将民本思想的内容概括为四个方面，即民为邦本、天意即民意、选贤与能与安民重民。韦政通在《中国的智慧》中将民本思想的内容概括为六个方面，即民为邦本、天意即民意、安民爱民、重视民意、民贵君轻和革命思想。陈胜粦在《民本主义论纲》中认为民本思想是一个完整的理论体系,包括民在国家中的地位与作用,君主、政权和民众的关系,固本与宁邦的关系。张分田在《民本思想与中国古代统治思想》中将民本思想的内容概括为一个核心三个思路,即以民为本为核心,以立君为民、民为国本、政在养民为思路。这些观点没有采取罗列具体内容的方式,反而抓住了民本思想的要义和核心,因而更加简明扼要,也更加值得参考。

在参考以上学者观点的基础上,笔者认为民本思想的内容主要在于三个方面:即设君之道,包括依据天、道义或者自然立君说,核心在于立君为民、为公、为天下;为君之道和为官之道,包括基于民为邦本的各种政治关系论;治民之道,一方面包括爱民、重民、养民、利民、富民等策略,另一方面包括用民、弱民、愚民等驭民之术。

三、中国传统民本思想的历史逻辑

依据民本思想的整体发展和基本内容,我们将中国传统民本思想的历史逻辑概括如下:天本位是民本的重要理论依据;民本与君本相辅相成、互为一体;爱民与制民相反相成;民本思想与德治主义相配合。

首先,天本位是民本的重要理论依据。传统民本思想的重要内容之一就是立君为民,也就是为君权的获得、保有、行使提出必要条件和基本规范,即获得“天命”或道法“自然”,以怀保小民,以德配天。这是整个传统民本思想发展的历程中都存在的一条思路,从未间断过,区别只在于对“天”的解释不同。在皇权发展早期,“天”指神。在《尚书》《诗经》中,民本思想主要通过天赋君权观念表达,诸如《孟子》引用《泰誓》的“天佑下民,作之君,作之师”,《左传·襄公三十一年》引用《泰誓》“民之所欲,天必从之”,《召诰》中写“以小民受天永命”,《多方》的“天惟时求民主”,《诗经·大雅·文王》中记“聿修厥德,永言配命”等。从这些记载中我们可以看到民本思想中的天作君师、天选君主、天子代天牧民、君主需以德配天、天从民欲、汤武革命等观点的雏形。对此,梁启超等很多学者都从“天治”与“民本”结合的角度,阐释了儒家民本思想的特点。在魏晋南北朝以前,天为“百神之大君”,一切法则均出于天神。“帝天之命,主于民心”是孟子、董仲舒等人民本思想的主要逻辑。绝大多数皇帝、官僚、儒学家都认同这类观点。民本与神本紧密相连,“帝天之命”始终是民本思想的君道理论的来源和依据。这类思维逻辑和表达方式为后世思想家所沿用,但在“天—人”主题的变奏中,魏晋之后的思想家淡化了“天”的神秘主义色彩,这是由于魏晋之后,谶纬之学屡遭禁绝,崇尚自然的玄学之风盛极一时。到唐宋,天道自然观逐渐占据了主流地位。这时为皇权、伦理提供依据的成为自然规律。“名教出于自然”“名教合于自然”或“自然即名教”的主张盛极一时。但无论“天”指“万物之天君”还有“自然法则”,它都是皇权的依据。在传统民本思想中,

“天、君、民”是一个循环论证的关系，其核心就是天立君为民，其文化功能就是为君权与礼教提供依据。民本思想中“立君为民”的思路经后世的发展，变得非常完备。它强调民众在国家稳定和存亡方面的决定性思维，但究其源头，无非“天本位”是“立君为民”的立论依据。

其次，民本与君本相辅相成、互为一体。民本思想产生与发展的助推器是统治者及其智囊团对于现实政治需要和政治经验的总结。他们清醒地认识到了民众在王朝稳定和专制统治中的基础性地位，并自觉地将这一思维成果付诸实践，设计出了一套维护专制统治的君主行为规范。也就是说，“民本思想的社会根源和政治基础就是专制主义社会政治体系”①。民本思想的基本思路是民众是天的子民，天无法亲自管理教化民众，因此设立君主养育民众，安定天下。而立君的目的不是为了君主及其整个家族的私欲，而是为了天下，为了百姓。因此，中国传统民本思想就是从君主与民众的关系出发，讨论设君之道和治民之道，论证民对君的制约和君对民的统治以及二者结为一体的条件。“其中心是强调民是国家、社稷的基础，治民是君主政治之本，能否安定民生关系到国家兴亡、政治兴衰”②，“其最终取向不是通过赋予民众政治权利而否定君权至上，而是通过规范君

① 张分田：《民本思想与中国古代统治思想》上册，南开大学出版社2003年版，第50页。

② 李天莉：《古代民本伦理思想研究》，中国社会科学出版社2016年版，第192页。

主对民众的政治行为实现国泰、君尊和民安”①。民本思想的精神实质是达到一种理想化的君主政治模式，因此民本与君本的合一是其基本框架结构，缺一不可，二者相辅相成。

纵观各朝各代的民本思想家的思想，尊君与重民都是二合为一的，我们以时间线索略举几例：孟子一方面以孝悌为尧舜之道的核心理念，另一方面又倡导君主以仁为本施行仁政；汉初贾谊一方面主张定制度、兴礼教、正名号、严等级、尊天子，另一方面又指出“民者万事之本”；《公羊传》《穀梁传》都一方面以“大上”论君主，渲染君主在民之上的地位，另一方面又一再强调“民者，君本也”。东汉荀悦主张君民一体，认为“君为元首，臣为股肱，民为手足”（《申鉴·政体》），最理想的君民关系是君民相报，“无往不复”（《申鉴·政体》）。唐代大儒孔颖达所著《五经正义》是唐代官方儒学的载体，其也提供了君本与民本比翼双飞的范本，同时为君权至上和以民为本提供经典依据和理论阐释，一方面强调了“天作君师”，另一方面强调君德与民心；宋代理学诸子一方面以“理一分殊”、“一理”与“万物”论证了三纲五常之道，另一方面以“内圣外王”论证帝王之道和社会规范。就连激烈批判秦汉以来君主制度的黄宗羲、顾炎武、王夫之，也都想恢复西周王制的“先王之法”“圣王之制”。由此可见，“君为政本—民为国本”是民本思想与生俱来的结构性框

① 李天莉：《古代民本伦理思想研究》，中国社会科学出版社 2016 年版，第 193 页。

架，二者源于一个理论原点，那就是君主专制制度的设君之道和治民之道。离开了君本，也就没有民本，离开民本，也就无所谓君本，强化民本，就是强化君本，强化君本，势必强化民本。这在上面发展规律的阐释中已经有所解释，随着君主专制制度的发展，君本与民本实际上是一个双向强化的过程。如果想要突破这一框架，也不能从一方单向度发展，而弃置另一方的方式中谋取，必须脱离和瓦解民本思想的固有理论原点，即君主专制制度的设君之道和治民之道。只有脱出了君主专制制度的框架，才能实现对传统民本思想的真正超越。

再次，爱民与制民相统一。我们已经明确说过传统民本思想的实质是维护专制、巩固皇权。中国小农经济的分散性决定了中国古代政治的真正起点乃君主集权，君权至上的尊君传统由此而来。传统民本思想赖以存在的政治环境就是维持剥削经济的君权天授的专制体制。也就是说传统民本思想在本质上并不是君主专制的对立面，相反，它是助推专制国家机器运行的手段，是为维护专制等级制度而提出的拢民心、保社稷、稳君位的“治民”之术。因此，在民本思想的理论框架中一直存在一个本末之说。本与末相对，本以末为参照，没有末就没有本；末以本为参照，没有本就没有末，二者谁也离不开谁，是辩证统一的关系。其中有一种观点是“强干弱枝，大本小末，则君臣分明矣”（《春秋繁露·十指》），“君者心也，民犹肢体”（《汉书》卷六《武帝纪》），即是说君主或道德高尚的君子在政治上为本，为上，庶民或道德卑鄙的小人则为末，为下，离开君主、君子，小人就失去了仰仗。因此教化民众以保国家安稳也是重民思想的重要组成部分，制民手段与爱民措施在民本思想中是统一在一起的。如老子主张统治者“爱民治国”，提出去甚、去奢、去泰等君主规范，但他同时提出：“圣人之治，虚其心，实其腹，弱其志，强其骨”，“常使民无知无欲，使夫智者不敢为也”（《老子·三章》），为了达到统治目的，甚至主张“为奇者吾得执而杀之”（《老子·七十四章》）。法家的民本思想也主张君主以高明的手段驾驭百姓，而且为了统治民众主张轻罪重罚，并认为这是爱民的表现。再如王安石，也一方面主张君主养育民众、教化百姓、安定民生，另一方面主张使民众愚昧无知，只知道耕织，才是治理的极致。总而言之，民本思想的政治目的、理论基础都已经决定了民本思想的重民理念是在民众对国家基础作用的认识上，以一种君主政治模式来达到国家安定的作用。因此，围绕“立君为民”的核心理念，传统民本思想主要从三个层面处理君民、邦民的关系。第一个层面是从价值层面强调民为国之基础，“国”“君”应做到以民为本，这多为儒家的应然诉求。“重民”“保民”“安民”“爱民”“恤民”“济民”“亲民”“利民”“惠民”“裕民”等均在此申述范围内。第二个层面是从工具层面强调革命的正当性。民安方能国泰，倘若国家偏离了立君为民的理念，招致天灾人祸，那么揭竿而起的“汤武革命”则被认为是顺天应人的合理之举。第三个层面是基于民不安，则本不固、邦不宁的认知，崇尚法家的帝王之术。诸如“用民”“驭民”“使民”“弱民”“牧民”“愚民”“畜民”等都在此列。这三个层面虽有崇礼与崇法之别，但皆基于“民惟邦本，本固邦宁”的理念，“共同融会为‘重民尊君’的政治论体系”①。

最后，民本思想与德政相配合。传统民本思想作为中国特有的农耕文明所生成的文化形态，扎根于中国群体性的“耕稼工商”“政事日用”的现实活动中，贯穿于村社庄园经济到家庭小农经济的历史文明中，其鲜明的特点就是民本思想的推行过度依赖德治政治。梁启超曾指出：“我先民极知民意之当尊重，惟民意如何而始能实现，则始终未尝当作一问题以从事研究。故执政若违反民意，除却到恶贯满盈群起革命外，在平时更无相当的制裁之法。此吾国政治思想中之最大缺点也。”②这段话精湛地道出了传统民本思想的内容空位和制度失位，即传统民本思想既没有形成论及君主如何“听于民”的制度体系，也缺少与之配套的法律条款。这就使民本思想的推行全靠君主的德行：有德之君勤政爱民，民本思想与德治政治相得益彰；无德之君鱼肉百姓，民本思想被弃置一边，沦为一句空话。中国几千年的治乱交替正是源于传统民本思想过分依赖德治、缺乏制度保障。虽然民本思想对统治秩序的调节具有实效性。但这种实效性是通过被逼无奈揭竿而起来达到的。

民本思想的逻辑思路是认识到民众对于推翻君主统治来说是一股巨大的力量，从巩固自身的统治出发，要求君主妥善处理君民关系，节制自己的欲望，施恩于百姓，缓解与百姓之间的矛

① 冯天瑜：《中华元典精神》，武汉大学出版社2006年版，第271页。

② 梁启超：《先秦政治思想史》，东方出版社2014年版，第39页。

盾。据此,民本思想所涉及的实践思路是强化君主和官僚的道德素质,使君主通过“内圣”的方式达到“外王”。既要求君主能够修养身心、选贤任能,做到爱民如子,也要求官僚修身养性以达到清正廉明、扶持君主施行仁政。修身、齐家、治国、平天下就是落实中国古代民本思想的主要途径。可以说,“民本概念的基本功能就是在肯定封建君主统治的合法性和封建专制制度的合理性的前提下,通过对拥有绝对权力的统治者的道德启发,实现官与民双方的互利互惠。”①因此,中国古代民本思想内含的两个思想是:德政政治的思想和救世的思想,即把统治者的国家社会治理与道德情怀和救世担当挂钩,前者基本依赖于后者,再无其他保障措施。也正是由于民本思想的推行绝对地与德政政治和救世情怀相联系,民本思想虽然为历代统治者所熟知和认同,但依然无法保证其能否真正得到实施。秦二世、隋炀帝及明末诸帝也都认同民本思想,但他们的行为却严重违背了民本思想的要求。这也使封建统治总是在一治一乱的历史循环中前进。

① 李天莉:《古代民本伦理思想研究》,中国社会科学出版社 2016 年版,第 193 页。

第二章　传统民本思想的历史背景和社会根源

本章一是结合中国古代历史，从传统民本思想的内容和思路中去分析其所包含的经济、政治、文化因素，使民本思想以更加立体的形象显现。二是，基于前者将传统民本思想置于中国传统文化的大背景中，去发掘其中蕴含的中华优秀传统文化因素，将使中华民族绵延数千年的那种历史精神再现出来，以便开启下一章的分析。

第一节　传统民本思想的经济背景

中国古代的小农经济是传统民本思想产生的土壤。虽然在中国古代，经济并不占据最主要位置，但其依然是国家政权存在的基础。分析民本思想背后的根源和动力，我们首先从古代社会的经济开始。这里从经济开始分析，一是根据中国古代社会的特点，以层层递进、不断拔高的形式予以展开；二是探索民本思想的核心思路“以民为本”背后的经济背景。“民惟邦本，本固邦宁”是对传统民本思想的高度概括。从《五子之歌》及其历代注疏看，“民惟邦本，本固邦宁”的中心思想是：民众是国家社稷的基础，国家政权依赖民众产生，治民是君主政治之本，能否安定民生关系到国家兴亡、君主去留、政治盛衰。参考古代众多思想家的民本思想可以发现，他们大多从国家政权对民众依赖的角度谈论“民惟邦本，本固邦宁”。思路大多包括：民众是社会经济、国家财政、军队兵源和劳役人力的源泉。我们以此为依据，分析古代经济状况。

在战国以前，古代中国是阶级社会，但到了战国以后，阶级社会就瓦解了，封建社会也不再有贵族和平民的分别。虽然中国社会自秦汉以后无阶级一说，却存在等级一说。中国古代社会分为士农工商四个等级，或者说分为“官—民”两个大的等级。等级并不是阶级。我们以此为据，分析中国古代的经济情况，以明晰传统民本思想的经济动因。

一、民本经济的基础地位

中国古代的土地主权经历了从公有到私有，经济制度也几经变更，赋税力度也有轻重之分。但总的来说，赋税手段要么问田，要么问人，官府公用税收一直来自于农民。周朝开始，实行井田制度。井田制度是封建政治的产物，属于土地国有制度。一般讲的“普天之下，莫非王土，率土之滨，莫非王臣”正是封建政治和井田制度的写照。天子分封土地给诸侯，诸侯分封土地给卿大夫，卿大夫再平均分配给农民耕种，这就是所谓的分封制，形成分封制下的阶级社会。九百亩地划分成九个单位，由八家农户承担耕种任务，每家分种一百亩地。特点就是中间那一块土地由八家共同耕种，将收获供给公家。也就是说当时的税收标准是九取一。因此在分封时期，是平民养贵族，养王室。井田制度在后来的发展中显露出一个缺点，那便是农民只顾耕种自己的土地，将精力都放在自己的一百亩地上，而将为公家耕种的那一百亩弃之不顾，以致荒芜。于是战国时期，各国纷纷变法，不再将土地分公有和私有，而是将土地全部变为私有，再向各家征收十分之一的田租。这种不认田、只认人的收租方式改变了土地平均分配的观念。观念改变就导致人们不再拘泥于每家一百亩，而是能耕多少耕多少，无论耕多少，只需交租十分之一。井田制的瓦解，自耕农为主的土地所有制的发展使耕者可以自由变卖土地，如此土地兼并就会加剧。秦汉以后，贫富不均的兼并现象愈加严重。在这种情况下，一部分丧失土地的农民依附豪强成为租地者，另一部分则外出逃荒沦为流民。虽然官府征税力度一向较轻①，但失去土地依附地主的农民缴租高达

① 参见钱穆《中国历史精神》第 53 页：孟子理想中的租税额是十取一，汉代田赋规定是十五分取一，实际征收只有三十分之一。唐代则只有四十分之一。

百分之五六十，甚至更高，长此以往，流民浪潮四起，社会逐渐动荡。加之，自耕农的减少导致国家赋税徭役枯竭，导致政治统治动摇。从东汉到三国，地方官府逐渐瓦解，土匪流寇猖獗，农民无法生存，转而投靠大地主，成为其附庸。此时，土地既不掌握在国家手中，也不掌握在农民手中，而是掌握在地主手中。[①] 总结说来就是：由于土地兼并、财富不均，才会导致农民流离失所，投靠地主，而地主收租之重又加剧农民生活困苦的程度；也因自耕农减少，国家财政日趋枯竭，地方政府才会解体，土匪流寇四起又使地主和农民以私家部曲的形式结合在一起，地方势力才会顺势崛起，从而埋下了政权分裂的隐患。在此乱世，更能感受到农民之于国家安定，之于财政稳定，之于天下一统的重要性。

三国时期，公家屯田、私家部曲都是由军队耕种以自给。晋朝之后，军队复原为农民，但收租仍然很重，高达百分之六七十。而那时地主收租也不过百分之六七十，又因为投靠地主可在穷困时向地主借贷，如此很多农民更愿意投靠地主成为佃户。这一方面导致官府户口册在编的农民甚少，封建政权缺少财政来源，入不敷出，而农民又由于高达百分之六七十的地租生活困苦。在北魏孝文帝太和年间，出现了“地有余力，民无余财，或争亩畔以亡身，或因饥馑以弃业”（《魏书·高祖纪》）的情况。为了解决这一问题，孝文帝下令推行均田制。均田制一方面田地平均，对无地和少地的农民，朝廷把国有土地分配给他们，实

① 在这种情况下，依附地主的农民如果自备耕具和牲畜，需缴租百分之六十，由地主配给耕具和牲畜的，则缴租高达百分之七八十。

行“移民实边”，保证耕者有其田，另一方面租额减轻，劝课农桑，给农民更多的实惠，让农民能在安心劳作的基础上保证农业稳定发展。这是从东汉末年以来土地制度上的大改革，此后，北齐、北周至隋唐基本沿用这一制度。唐代的租庸调制度也与均田制无大差异。但要平均田亩，必须具备详尽的户口册，生死的变更、逃亡的发生都不能马虎。办事人员稍加疏忽就会导致户口册逐渐发生错误，整个制度也将慢慢败落。到唐代安史之乱后，随着土地私有化的进一步发展和户口册的逐渐失灵，均田制渐告废弛。到了明末清初，土地一直是私有状态，可以自由买卖，虽有人也不断主张土地公有，平均分配，都因各种因素未能实现。这种情况和历年战乱的发生，又导致了大量荒芜田地的出现。清朝康熙帝鼓励农民垦荒，严禁满族贵族圈地。又下令推行“更名田”，让依附地主的佃户耕种明朝藩王散在各地的田产，将这些土地归于佃户名下。这些政策的推行又增加了自耕农的人数，使农业逐渐发展的同时保证了朝廷的财政收入，创造了康乾盛世。

综上所述，封建政权收支的主要来源是农民的赋税，因此小农经济繁荣稳定与否直接关系封建政权财政收入和国家稳定。除晋朝外，在国家稳定的情形下，赋税一直较轻，即使如此，只要不大量屯兵，保证耕者有其田的情况下，基本能够实现民众生活安定，国家财政稳定。但一旦土地兼并现象严重或朝廷赋税太苛就会造成农民投靠地主。又因古代民兵一体乃至发展成地方势力割据，国家也面临分裂的危险。这样的经济状况自然会孕育出民为国本的民本政治。

二、农兵合一的军事和国防

中国古代社会以农业经济为主，国防武装的主要问题是如何与农村生产相协调。纵观历史，将农兵合一贯彻得当的朝代，经济生产繁荣的同时也保证了国家的军事国防，如西汉、唐代初期，而二者若不能协调，就会滋生积贫积弱的弊端，如宋代。大体来说，古代的军事和国防有农兵合一的特点。西周时期，每一个诸侯国都是武装和经济紧密配合的单位。周天子分封诸侯，圈定土地，中央建筑都市，四围开辟农田，建成诸侯国。诸侯国内用井田制经济营养都市，用都市贵族士兵保卫井田。“西周封建，是把华夏农业文化深入散布到戎狄游牧文化的广辽大陆，而逐渐使此广辽大陆普遍华夏化，那即是这一种经济与武装紧密配合的生产战斗集团之成绩。”①汉代时，有了明确的义务兵役制度。这种制度规定全民皆兵，壮丁从二十三岁开始服兵役。之所以规定二十三岁开始，一是由于一个男人二十成丁，开始独立营生，二是由于中国古代农民三年耕种得一年积蓄，三年可余一年粮。一壮丁从二十耕种到二十二岁，耕种三年，二十三岁开始服兵役之时已经攒下一年的口粮供家人使用。这一安排，也可见古代的军事制度是与农本经济紧密相连、互相配合的。兵

① 钱穆：《中国历史精神》，贵州人民出版社 2019 年版，第 80 页。

士边防服役,旅途经费全由参军的农民自己承担,农兵结合的特点无疑大大节省了朝廷军事开支。从东汉末年到三国时期,全国大乱,军队形式有两种。政府军是屯田兵,私家兵是部曲兵,也都由军队耕种自给。前者是兵士空闲时被派田耕种,后者本就是农民投靠大户充当部曲,不打仗时自然需从事农业生产,自给自足。北周时因兵源不足,改行府兵制。与地方行政相区别,在战略要点建立“府”,每府设立一支军队,少则八百人,多则一千二百人。① 兵士来源于有家业的壮丁,府兵制度令壮丁长期当兵,有事出征,无事自耕自养。当兵的农户田租捐税一应免除。因府兵田亩自给,国家无须分文军饷,只需派一些教练官就农闲监督操练。此府兵制度的优越性有三:一是全兵皆农,农兵合一,无须军饷配给,大大减轻政府养兵的压力;二是府兵的来源是有田地身家的壮丁,而不是家业贫苦的农民,这保证了府兵在体格、品德、智识各方面都较为突出,能够忠勇奋发,屡建奇功,较之募兵制度更显优越;三是将领在中央供职,无官有勋,作战时带兵作战,无战事之时回中央,也限制了军人干政一事。北周凭借府兵制度南征北战,几乎统一了中原。唐代也承袭府兵制度,并凭此取得了丰功伟绩。宋代农业赋税要用来养兵,导致政权财政空虚。宋代又是中国历史上积贫积弱的朝代,原因则是募兵制度下的兵士来源都是无业游民,品德智识都较低,军队素质较差。明太祖上位后,又效仿唐代的府兵制建立卫所兵。

---

① 据统计,全国最高可能达八百府,养兵八十万,分配在各个战略要点。

明代的“卫”（大单位的军队，一卫最多五千六百人）和“所”（小单位的军队，百户所一百二十人，千户所一千一百二十八人）和唐代的“府”类似，都是和行政单位区别的军事单位。兵士都由官府配给耕地，自耕自给的同时上缴粮税，用来养将。明朝统一中国远到蒙古、朝鲜、新疆、安南，可见卫所兵制度具有一定的优越性。后经长时间的太平，卫所兵制度也败落了。

要协调农业与军事国防，还有一重要的问题要解决，即农业是稳定的，军队是流动的，农村是散布的，军队则需集结，并需开赴边疆地带。古代中国采用屯田制度解决这一问题。屯田制度是令军队随地耕种的制度。随着军队的集结与驻扎，兵士就地耕种，以使战力集团同时作为生产集团存在，武力开赴于何处，财力就达至何处。西周封建时期，农业生产集团也都是作为武力集团存在的。也正是由于对外战争，就是对外开垦，耕地文明才逐渐波及很多游牧地区，逐渐使广辽大陆普遍华夏化。秦汉及其以后很多朝代都实行类似的边疆屯田制度，使在边疆及国外驻扎的兵士就地耕种，临时战斗的兵士都是平时耕作的农民。以此兵农结合的制度来保证远在边疆和国外的武装队伍自给自足，长期战斗，而不劳国内经济供养。实际上，西魏、北周和隋唐的府兵制度，明代的卫所制都与屯田制度异曲同工。前者是农民壮丁充当兵士，农隙训练，无战耕作；后者是兵士充当农民，战隙耕作。前者主要运用于国家内陆地区，而后者则用于戍守边疆和控制附属国。唐代时，国内采用府兵制度，边疆采用屯田制度，创造了盛世武功，国力远扩至瀚海、百济、西域、青海。宋代积贫积弱的一个重要原因也正是没有采用类似屯田和府兵这样的兵农合一的军事国防制度，把农业生产和军事国防分离开来。宋代禁军分拨戍边，来来回回，并不在边境驻扎生产，宋代厢军也只做劳役杂差，并不从事农业生产。

中国古代农兵不分的实际状况决定了民众不仅是封建政权财政的来源，还是保卫国防的基本力量。这在民本思想的内容中都有体现，很多思想家都强调引致富强的途径需使武力与经济相结合。

三、重农抑商的经济制度

民本思想有一条基本内容，便是以农为本、重农抑商。这一内容虽涉及的是经济制度，但其背后的支撑不仅是土地制度，更涉及中国政治与经济结构，以及古代中国的经济理想和思维方式。

就土地制度来说，周朝时土地均为公有，分封给诸侯后，诸侯国的贵族，将耕地平均分配给农民耕种，山林池泽则不开放，贵族自己经营，所得即为私产。但很多无业游民时常偷入禁地，抓鱼捕猎、冶铁烧盐，是为“作奸犯科”。开始时，贵族会派兵征剿，后来实在剿不胜剿，只能派兵把守入口，抽征其所得，这慢慢演变成一种针对工商业的赋税。秦汉时期实行郡县制，官员也不再配给土地，而是由朝廷发放俸禄，土地也慢慢变成农民私有。但山林池泽却依然是公有地，属于皇室所有，工商业凭此获利，需向皇家缴纳工商赋税。因此在古代，工商业缴纳的赋税与农业赋税是分开的，农业赋税供官府开支，而工商赋税却供养皇室。工商业在战国时期获得大发展，盐商铁商都是当时腰缠万贯的大商人。汉武帝时期，由于征讨匈奴，国库空虚，因此下召令富商捐款，应者只有一人。汉武帝大为光火，将盐铁等收归官办，盐铁之利本是皇家私产，汉武帝将其捐给政府，以供战争需要。汉武帝之后，朝廷对可获大利的工商业都收归国有，限制民间工商业发展，同时对农业轻徭薄赋，鼓励发展，此为重农抑商。

重农抑商的经济制度还与中国古代统治阶级的出身及其经济理想和治世思维有很大关系。就中国古代的经济理想和治世思维来说，中国古代的治世思维讲究"为人"要尽人义，尊天道，各安其命，各守其责，君王安社稷，民众事君父，以达四海升平之景。造成守成思维的原因有四：一是朝贡体制的存续。自秦政实现大一统以来，四方来朝的朝贡体制建立，列国竞争的情景被淡忘，国家群的观念被文化至上主义所覆盖。非竞争则无忧患，无忧患则不进取，由此造就了古代政治的守成思维。二是农耕文明的保守本性。农耕经济和家长制的农民家庭、原始村社和封建领地相配合，形塑了民众安土重迁、短视自满的守成性格。三是维护既有统治原则的需要。要维护既有的统治秩序就必须以自然经济、等级制度及纲常伦理将民众牢牢束缚在君主的股掌之间，以"弱民""愚民"之策强化基层民众对"家天下"的黏性。四是士大夫这一流品的出身与特点。中国古代是政治领导经济，政治上居领导地位的是平民中的士大夫。在"官—民"等级社会的中国，农业出身的平民“士”通过参加考试成为政府官员，组织政府。这批人多受中国古代文化精神熏陶，有着“贫而乐，富而好礼”的经济理想和治世思维。如孔子理想的社会虽有贫富差距，却认为贫富差距要控制在一定程度之内。这就要求富人懂得节制，知礼守礼。“中国人所谓礼，便是一种生活的节制与限度。”同样，董仲舒也有此经济理想，即社会需限制“富而骄，贫而忧”的现象，限制社会贫富差距过大导致贫困者忧虑，豪富者骄横。总结说来，士多出于农家，又不从事生产，受到中国古代“安贫乐道”的传统文化熏陶。他们始终把文化根苗寄托在农村，是从人生理想来规定一种经济制度的。在这一传统经济理想和治世思维的束缚下，中国古代的政治求的是安稳和缓。只有如此才能使政权稳定。工商业纵使能带来财富，但他们认为一个政权太过于豪富，必走下坡路。这种辩证思维，实际就是一种守成性思维，体现了传统中国显赫而恒久的性格乃清净无为，不仅横征暴敛是对民本思想的悖逆，开疆拓土也并非君王及儒官的施政首选，物质文明的突飞猛进更被视为理想中均衡状态的敌人。

四、“士”“农”结合的社会状况

前文简单地说到“士”这一等级，这里详细说明。在古代宗法封建社会，中国是阶级社会，有贵族和平民之分，但到了战国以后秦汉时期，阶级社会就逐渐消亡了，不再有贵族和平民的对立。秦汉以后,有“士农工商”四大等级。因此可以说,古代秦汉之后是等级社会。士与农、工、商的不同之处就在于士大夫通过考试组织官府,管理其他等级。秦汉之后的政权主体实际上就是士大夫这一群体,因此中国古代秦汉之后的政府是“士”人政府。

“士”“农”结合的理想,最早可见于《管子》。汉代士人大多出身农家,唐代更是规定工商籍户口不能参加政府考试。因此,士人大多出身农家,父母家人多是农民。农民一家有多个子女,几个儿子务农供一子读书,做得官员,即可购地建房,光耀门楣。然而只要做官,便吃封建政权俸禄,为封建政权服务,不可再从事生产,更不能开店设厂,兼营工商。农、工、商经营私家经济,士无恒产但有恒心,其全部精力应专注于道,专注于为天下人服务。《论语》中屡次提及“士志于道,而耻恶衣恶食者,未足与议也”,孟子也曾说“无恒产而有恒心者,惟士为能”,汉武帝明文规定当官就不能行商,唐代也规定应考人不得兼营商业。在这一体制之下,农家出官员,官员退休后做乡绅,二三代败落后,又回到农民耕读之本分。耕读传家、“士”“农”配合,如此官员永远无法脱离农民,农民向政府输送官员,官员永远无法积累成为大富。因此农本社会必产生农本政治,农本政治又维护小农经济。

综上所述,农本经济的土壤孕育民本政治思想,而中国的农本经济又由政治来统领。说到中国古代政治又必须清楚士人政权的特点,了解士人政权的特点就不能不了解士人群体的特点:

其出身农民，又回归于农，要求其不谋个人生活，一心只顾修身、齐家、治国、平天下这人生大任务，也正是古人说到的无恒产但有恒心。士人政权领导中国古代社会的经济、政治、军事、教育等，而其之所以能够有所作为，正是由于他们最具中华民族文化精神，是这一脉精神的恪守者、彰显者、发扬者。正如钱穆先生所说："中国社会的人生大道理，则寄托在士的一流。"①"士是中国社会的中心，应该有最高的人生理想，应该能负起民族国家最大的责任。更重要的是在他们的内心修养上，应能有一副宗教精神。可说中国的士，应是一个人文宗教的宣讲师。"②以上分析中，我们已经可见传统民本思想中所体现出来的中国社会的政治、经济结构和联通个人与天下的传统文化观。

第二节　传统民本思想的社会和政治基础

在分析传统民本思想的社会基础时，我们会重申中国古代小农经济的特点，既算是对上一节内容的总结和补充，又与这节中传统民本思想的社会基础相承接。从小农经济的分散特点说到古代社会"官—民"二分的社会结构，自然引出中国古代皇权至上的专制主义官僚政治体制，而后会对这种官僚政治体制背后的政治观、国家观及其组织方式予以说明。

---

① 钱穆：《中国历史精神》，贵州人民出版社 2019 年版，第 49 页。

② 钱穆：《中国历史精神》，贵州人民出版社 2019 年版，第 60 页。

一、"官—民"二分的社会结构

中国古代的社会基础应分战国前和战国后两个部分予以说明。战国以前,古代中国是分封制,是天然的阶级社会。但是战国以后,尤其是秦汉以来,以"井田制"为主要形式的土地制度开始解体,私田开始出现,贵族也逐渐没落了。秦汉以后的中国社会已经不是普通意义上的阶级社会。中国古代普遍意义上的小农经济由于生产条件类似,家庭基本上可以做到自给自足,再加上交通不便、农民贫困,农户之间是处于相互隔离的状态。相互隔离状态又被分工不发达、科技不发展等因素加叠,所以那个时候的社会关系是非常简单的。一小块土地供养一个农民和他的家庭,旁边是另一小块土地及其供养的农民和他的家庭。如此,形成一个一个的村落。于是,整个国家都是以这样形式构成的,家庭与家庭之间没有什么必要的联系,生活方式、利益和教育程度都不发生联系。这样,共同关系、全国性的联系、政治组织都是不可能自发组织完成的。因此,古代中国的小农经济没有形成阶级社会,农民因本身的局限性也无法代表自己,他们需要一个高高在上的权威代表自己,做自己的主宰。这就有了古代社会的皇权,皇权保障国家长治久安,保障农民不受外来的伤害。于是,小农经济势必要求一个行政权力来支配社会。这个行政权力并不独指皇权,因为中国古代幅员辽阔、人口众多,在皇权之下势必需要一大批官僚的辅助。而古代中国的实际统治和治理也确实是靠庞大的官僚队伍来完成的。帝王和官僚队伍结成了既对立又统一的利益共同体。小农经济基础及其基础上的小农的文化意识决定了古代中国是一个以“官—民”为结构的社会。当然,中国具体的社会结构更加具体和复杂:首先在官员群体之上有皇帝,但皇帝的权力绝不是有些研究中所说的那么集中和无限,中国古代政治体制中有很多限制君王的措施,彰显我国祖先的政治智慧。其次,在官员之下,有一些群体是官员进行统治活动的中间环节,或者说过渡环节。比如,士大夫群体虽然不直接属于官僚集团,却作为官僚集团的补充力量以及精神产品的生产者成为官僚集团的外围群体,成为在社会中联系民众与官僚的一条纽带。同样在社会中起到联系民众和官僚的纽带作用的还有乡绅和社会贤达。因此,中国古代“官—民”的社会等级结构在实际运作中是被具体化为“君—官—士—民”“君—官—绅—民”的社会治理模式。

“官—民”为结构的社会不是通常意义上的建立在经济关系基础上的阶级社会,最大的财主在官员面前也是民,也是没有权力的,反之,官员在财主面前也要被称为“大人”。因此,有些学者用生产资料的私人占有来概括传统等级民本的经济基础是值得商榷的。古代等级民本的经济基础和社会基础是分散的小农经济及建立其上的“官—民”社会结构。而小农经济的经济特点以及文化意识和“官—民”社会结构又决定了中国古代的政治体制是皇权至上的专制主义官僚政治。那么这一政治体制背后是一种什么样的政治观呢?这种政治体制及其组织方式又使如何呢？这些问题，我们在下面的几个章节中予以解决。

二、天下一统和文化国家观

传统民本思想的最基本思路便是立君为民。在现存文献中，最早以明确的语言表达立君为民观念的是《周书·泰誓》。《周书·泰誓》是一篇战争誓词，记载了周武王兴兵伐纣的口实，那就是商纣王违反了敬天保民、立君为民的政治原则，因此天怒人怨，是以征讨之。对于立君为民的民本思想，《孟子·梁惠王下》引《周书·泰誓》："天降下民，作之君，作之师，惟曰其助上帝宠之。四方有罪无罪惟我在，天下曷敢有越厥志？"作"天佑下民，作之君，作之师，惟其克相上帝，宠绥四方"。意思是天庇护芸芸众生，设立君主制度，选择民之父母，赋予帝王权力，目的是使帝王协助天来管理人类社会。天设之君既作君，又作父母老师，以政治管理庶民，以恩泽养育万民，以道德教化百姓。对此，比较普遍的解释是两种，一种是天立君说，另一种是依据道义立君说。天立君说最开始天作神解，然至迟到春秋时期，天立君说已经发生重大分化。"天"的解释也逐渐脱离了神的色彩，慢慢开始与第二种"道义立君"说融合。思想家们虽然还沿用天立君说的说法，然而孟子之天已经具备义理色彩；荀子之天已经不具备神的属性；《吕氏春秋》的基本思想则是天道自然；宋元以降，宋明理学所谓的"天理"也属于义理之天的范畴。因此完全将天立君说定性为神化君权也不够准确。二者融合下的设君之道的基本思路应是,在国与君之先,先有天下观,道是全天下的万物之宗及普遍法则,一切事物依据道、遵循道而存在。遵循道,设国家以发扬道义,设君主制度以贯彻道义。其中所蕴含的政治观首先是天下一统观,其次是设国家以发扬贯彻道义的文化国家观,再次则是这种偏向道德的国家理念对君主政体及政治方式的规定。

(一)天下一统

因地理形态和交通限制,古代中国人一直认为自己所在之国即使不能代表全天下,也近乎一天下,因此自古就有治国就是平天下的说法。三皇五帝时期就有天下一家的政治观念。后来,孔子主张"尊王攘夷"(《左传·定公十年》),"以天下为一家"(《礼记·礼运》),以王道感化四方,"远人不服,则修文德以来之。既来之,则安之"(《论语·季氏》)。孔子这一思想为后代所继承,成为被广泛认同的政治理想,后世许多思想家以此论说"大一统"的政治理想、国家形式和政体原则。儒家大一统思想十分丰富,就主要内容讲,"宇宙一统是大一统的哲学基础,政治一统是大一统的核心内容,王权一统是大一统的基本宗旨,天下一统是大一统的社会理想"①。在这一政治理想和政治原则的指导下,中国古代的政治一直寻求一统。周代封建社会是封建的一统,秦汉以后则是郡县的一统。周朝时期是由一个

① 张分田:《民本思想与中国古代统治思想》下册,南开大学出版社2009年版,第418页。

周朝皇室制定制度，将自己的亲戚宠臣分封至广阔疆域，借诸侯国的武力维护自己的统治。因此周朝封建时期就是宗法分封基础上的一统。西周式微，王室威望不再，齐桓公、晋文公以“尊王攘夷”为号召，尊王也是尊的政治一统。直至战国时代，中国变成了多统政治。秦统一全国后中国历史一直是一统为常态，如秦、汉、晋、隋、唐、宋、元、明、清，多统为变态。但无论是三国时期，还是五代时期乃至宋朝都在积极争取统一，因此可以说在分裂的状态下，中国人始终未丢失要求天下一统的政治理想。

大一统的政治观念与天人合一、圣王一体的文化观结合在一起，前者以后者为哲理依据，后者为前者提供合法证明。也就是说天下一统的政治观念中蕴含着天统、天道的文化意义。因天道一统、圣人一统，才有王道一统。王道一统就是主张最高权力一元化的国家政体，天赋君权、王位世袭、政由君出、王权至上。正是因此，传统民本思想的历史逻辑才会有“民为国本”和“君为政本”的统一。由此可见，中国古代的政治形态和政治思想背后都有一个强有力的文化依据。政权组织形式也是为了实现这种文化精神。“正是王道大一统的文化依据和哲理依据，把天统与天谴、天命与革命、有道与无道、圣化与非圣粘连在一起，从而将现实中的帝王置于天、道、圣的制约之下。天、道、圣是虚拟的绝对权威。它们既是君权至上的理论支点，又是用来与帝王权威相抗衡的理论工具。”①儒家经典及其注疏对天道、

① 张分田：《民本思想与中国古代统治思想》下册，南开大学出版社2009年版，第418页。

王道、圣人多有解释，而这些注解又与它们的政治规范结合在一起，使古代道统文化与政治方式互为体用，并行成为一套诸如奉行天道、以德治国、慎于养民的民本思想。

(二)文化国家观

西方特别重视国家主权，并规定国家主权在人民。对此，钱穆先生说："西方国家是一种权利国家，所以认为国家代表一种主权，一种力量。"凭借国家来运用这主权和力量以达成另外的目的，"这是一种功利的、唯物的国家观"[①]。他认为中国人的国家观"是一种道德的国家、或是文化的国家，所以必然要达成到天下的国家"[②]。即是说古代中国人的国家只是一个发挥人类的最高文化和人类高尚的道德精神的机构。"古之欲明明德于天下者，必先治其国；欲治其国者，必先齐其家；欲齐其家者，必先修其身。"(《大学》)个人、家族、国家、天下的共同任务就是"明明德"，即彰显人内心善良光明的德性。古代民本思想的政治基础正是这种文化国家观。我们可根据民本思想中的基本内容和历史逻辑，从多个方面予以证明。

(1)从国家的起源看，古人很少使用"国家""社稷"等比较抽象的国家概念，而大多使用"君""师""政长"之类的权力者的称谓代替这类概念。这在民本思想中可找出大量依据。如："天佑下民，作之君，作之师，惟其克相上帝，宠绥四方"(《孟

① 钱穆:《中国历史精神》，贵州人民出版社2019年版，第28页。
② 钱穆:《中国历史精神》，贵州人民出版社2019年版，第29页。

子·梁惠王下》),这句话中并没有出现国家、社稷等字眼,但已经包含了国家的起源。以设立君主指代建立国家,而君主不仅仅是政治上管理民众的君主,更是以恩泽养育百姓、以道德教化民众的师长。

(2)从国家的定位看,国家的职能除了建构秩序、维护利益外还有教化人性一途。后者的地位非常重要,是古代政治思想家们普遍认同的政治观念。君主为天下之师长,实施教化以矫正民性。这类观念最早可追溯到《尚书》中的天作君师说,虽然这里的主语是君,但实际上指代国家。人们普遍认为国家有教化芸芸众生的职能,立君作民众的父母、师长,君师合一。人类的文明发端于圣王创造文化、设立制度、规范礼仪、教化民众、儒家、法家均对此有详细论述。他们从人类社会的不道德现象及教化人群的思路出发,论说了国家教化臣民、维护道德的职能。其中《礼记·礼运》的说法最具有代表性:“故人情者,圣王之田也。修礼以耕之,陈义以种之,讲学以耨之,本仁以聚之,播乐以安之。”(《礼记·礼运》)汉唐时期,董仲舒和孔颖达从人性角度予以论述。董仲舒将人分为“圣人”“中人”和“斗筲之人”,圣人自然符合善,中人之性则可善可恶,斗筲之人则是天生的恶者,中人之性可通过教化使之向善。然而民众是愚昧的,不可能自我觉悟,所以天立君以教化民众。孔颖达也有类似说法:“上智不肯为非,下愚戒之无益,故中人之性可上可下”(《五经正义》),也就是说凡人皆有善性,然而不能自成,只能人君教之乃使其为善。到宋明时期,张载、朱熹等以孟子的性善论为宗本综合改造了先儒的人性论，形成了一套综合人性的结构、来源、性质和演变的人性论体系，并以此出发论证了国家和君主制度的职能。他们认为每个人与生俱来都具有“天命之性”和“气质之性”：天命之性至善，因而人人在道德人格上都是平等的，人人皆可成尧舜；气质之性则有善有恶，因人而异，因而人类的道德水准有天生的等级差别，既然大多数人由于气质之性的干扰，在道德层面有缺陷，那么一旦有聪明睿智能尽其性者出于其间，则天必命之以为亿兆之君师，使之治而教之，以复其性。此伏羲、神农、黄帝、尧、舜所以继天立极，而司徒之职、礼乐之官所设也。总结而言，就是设立国家以教化民生是自然之理。纵观世界古代史，强调国家与统治者的教化职能的政治思想不在少数，但中国由于儒家学说长期占据主流地位，以儒家学说为文化背景的政治观念特别重视封建政权发扬最高文化、弘扬人性道德的职能。在儒家学者看来，人立天地之间，拥有来自宇宙本体的一成不变的永恒人性①，且人性珍贵，设立纲常名教、君主就是作师长以教化民众、规范人性的。儒家把教化人性、完善道德、维护纲常视为政治之本。以此为理据，提出一整套圣贤在上、王者施政、以德治国、教化为先、德主刑辅的政治信条，从而使古代政治思想具有了鲜明的文化色彩和伦理化特征。

(3)从设君依据看，古代占主流地位的设君观点是源于道家，又被后世儒家所发挥的道义立君说。道义立君的基本思路

① 孟子的性善论、董仲舒的三品说、张载的双重人性说都是个中代表。

是道是宇宙本体、普遍法则，它决定并支配着自然界和人类社会。人类社会的制度、规范和准则都必须遵循道、贯彻道、发扬道。因此实行君主制度的根本目的就是建立合乎道义的社会秩序。在现存文献中，最早提出依据道义立君的是道家的鼻祖老子。在道家的理论体系中，剥夺了天帝、天神的万物之宗主的位置，予以道以万物之母、生天生地之地位，“道者，万物之奥，善人之宝，不善人之所保……人之不善，何弃之有？故立天子，置三公，虽有拱璧以先驷马，不如坐进此道”（《老子·六十二章》）。这就从逻辑上认定了道是一切社会关系和政治法则的本源和依据。既然君主制度是依据道而设，那么君主的职能就是以道义教化“不善之人”。由天子和百官构成的君主集权统治体系是合乎道义，并需发扬道义的。秦汉以来，许多儒家学者对道家的这一套理论予以发挥，主张“天道自然”“大道为本”，并将其吸收进“天作君师”这一命题之中，从而实现了天与道的互相融合。他们超越道家，进一步论证了天、道、理等宇宙本体与社会法则、人伦义理的关系，从宇宙本体、天道自然中为君主制度找到了坚实基础。如孔颖达、朱熹等人都认为君臣之理随开天辟地而产生。孔颖达说：“夫礼者，经天地，理人伦。本其所起，在天地未分之前。”（《礼记正义·卷首》）君臣法则来自宇宙本体。程朱理学对此有诸多发挥：“未有君臣，已先有君臣之理，未有父子，已先有父子之理”（《朱子语类》卷九五），即是说在人类还未产生之时，天理之中就已经存在君臣之礼，人类产生正是依据天理确立了君臣制度。以此逻辑，很容易推出天理不灭，则纲常永存。由此可见，古代设君之道与君主制度的依据也来自于对天地之间最高道义的发挥。无论是国家还是政治制度都有一来自宇宙的终极依据。

实际上，思想家的思想体系中最根本的都是高度自然化的"天人合一"论，然而他们并不是一味谈论元气、天道、阴阳、动静，而是论天道是为了明人道，讲哲理是为了议政治，寻求本源是为解释本质。思想家们从各自的宇宙观、人性论出发，结合社会现实，对国家、王道、王政予以论证，形成了具有人伦义理色彩的政治论。因此，我们从这些政治论、从依据这些政治论所建立的政治体系中能够明显地察觉其背后的义理根据、人类文明导向、道德人性等。诸如我们屡次谈及的王者为天下之君主，构建秩序以安定民生；王者为天下之师长，实施教化以矫正人性；王者为天下之父母，普洒恩泽以养育民众。这就从伦理、道德、文化、政治等不同层面谈及了一个政治问题。中国传统文化精神体现在每一个层面，因此无法离开经济、政治、文化、教育等不同层面去谈论民本思想，只有将民本思想放在中华传统文化的大范围内去谈论，才能明了其精髓，辨明其主要价值所在。

(4)从"君主、师长、父母"三位一体的君主定位看，从这一定位中，我们可以看到中国传统民本思想最基本的思路和理据，民本思想中君主、官员、政权的职能范围不仅在于保障民众的利益，还包括养育教化民众。这一点前文多有论述，这里不再详谈。除此之外，我们还能看到中国古代政治中包含着的文化因素和道德因素。后世形形色色的设君之道和政治原则都未能脱开天生烝民、作君作师的范畴。这一君主的定位还相应地为规范君主提出了很高的要求。诸如，天作君，那么君主就必须对天负责，以德配天；天作师，那么君主就必须体道、行道、做道德楷模；天作父母，君主就必须养育民众，一心为公。所谓在其位，配其德，正天下，首先要正君主。对此，自孔孟以来的许多思想家都提出“以道事君”（《论语·先进》）、“格君心之非”（《孟子·离娄上》）、“人君正心以正朝廷，正朝廷以正百官，正百官以正万民，正万民以正四方”（《汉书》卷五六《董仲舒传》）。

（5）从君臣合道看。中国古代政权除君主世袭外，政权由读书人通过参加考试的方式组织。这些官员是中国古代政治的重要组成部分和执行官。设官依据和为官规范是讨论古代民本思想政治背景不可缺少的部分。在众多设官依据和为官规范之中，最普遍的看法是君与臣是依据道义结为统一体的。君有君道，臣有臣道，二者统一于天道。君主和臣子都应遵循自己的道义和规范，遵循“天之明道”，才能实现共同的政治理想。儒家对君臣合道的论说非常详细，如孔子的“以道事君”、孟子的“格君心之非”、荀子的“从道不从君”等思想。君臣合道的推论就是设官为民不为君，官当事君为民。晋国的丕郑主张“事君者，从其义，不阿其惑”（《国语·晋语一》）。此后，君臣合道、事君爱民等思想深入人心，成为公认的君子规范。在这一理念的指引下，很多忠臣志士“上忧其君，下忧其民”，忠肝义胆，敢于直谏，甚至不惜舍弃身家性命。君臣合道这一命题不仅提及臣之道、君之道，关键还强调的是二者合道，因此是调节君臣关系的主要政治原则。臣要“论道佐时”，辅助君主，同时君主也必须遵循君道，依靠臣子“缔构霸业”。君臣合道强调的是君和臣在遵循自己道义的基础上，上下结合，相互依赖，符合天道，自成一体，以成就中和之治。正如武则天所说“君臣有道即忠惠”，“故有道即和同，无道即离贰”。（《臣轨·守道》）至于君臣合道成一体的对象和目标，正是“为天下”“为万民”，社稷、民生、道义是君臣合道的对象和目标。其中尤其强调，为了社稷苍生和道义，允许臣子违背君主的意志。由此出发，还配备了一系列官僚规范，如“忠君爱民”“爱民如子”“清正廉洁”等。这类思想都与民本思想相关，也是民本思想背后的政治理念。

三、中央集权的君主政体

由于古代中国在国家观上先有天下观，在政治国家之上先有道德国家，因此特别讲究天下一统，天道为一。以此为哲理依据，得出了权力一元化的思维方式。“一”通常被认为是天道的属性，宇宙的本源和法则，因此出自天道的社会秩序也讲究一统。儒家在以天道一统论王道一统方面贡献最大。思想家们大多是从天道唯一来论证帝王唯一。“天之常道，相反之物业，不得两起，故谓之一。一而不二者，天之行也。”（《春秋繁露·天道无二》）天地万物生于一、归于一，因此，人类社会也必须遵循这一法则，实行一元化的政治模式，即人统一于天，必先统一于王。由此看来,中央集权的君主政体也是在政治上对中国古代寻求根本、讨论本质的“一”的世界观和方法论的发挥。可以说,关于“一”的哲理思维影响着古代政治的方方面面。也正是由于这种讲究天人合一、天道为一的文化观,才使得传统民本思想呈现出立君为民、政在养民的基本思路,使得传统民本思想呈现出一套贯通天经、地义、人伦的设君与设官之道,使得民本思想呈现出民本与天本、民本与君本、民本与德政合二为一的历史逻辑。

对于中央集权的君主专制的形式,古代思想家有所争议,有人认同三代王制,有人认同皇权制度。但无论前者还是后者,在基本的政治原则上基本能达成共识。大多都认同:天赋君权、王位世袭;土无二王,尊无二上;天子作礼,为民立极;政由君出,王权至上;君尊臣卑,等级分明;唯器与名,不可假人;天下一家,王权一统。

随着王制、皇权的确立,规范君主的政治理论也随之产生,其中民本思想占据极为重要的位置。但行文至此,民本思想对君主集权的限制已不应仅被理解为对民众地位的强调。民本思想在限制君权的思路上,一直是综合天命、圣贤、德政三个方向:既强调君主言行必须合乎天命,天道,不然易遭天谴;强调君主的个人修养,做到内圣外王,不然不配为君、为师、为长;强调君主必须施行仁政、体察民意、赢得民心,不然民众将揭竿而起、发动革命。这些方面相互配合,形成了民本思想中相辅相成的政治逻辑和政治价值。

四、“选贤与能”的政治组织方式

从天下一统、天人合一的世界观和文化观中推演出的中国的国家观首先是文化上的、道德上的，就连君主的定位和君主集权的政治体制也带有浓厚的弘扬道义的文化色彩。钱穆先生曾指出中国古代的“政府只是学术的护法者”，“中国传统向来是由学术来指导政治，绝非由政治来指导学术”。[①] 因崇尚学术，必须重视选贤与能。中国古代的政治正是一种贤能政治。封建政权是从民众中间挑选贤能组成，以此才能使官府发挥其教化民众、弘扬道德、实现天道的文化责任。从秦汉起，中国就实行选举制度，读书的青年从太学毕业后，或者到地方官府服务，或者经地方长官举荐到中央做官。要到中央做官还必须经历考试。后来又规定每二十万户口推举一人到中央政府为官。所以朝廷的官员都是通过举荐和考试，从平民中挑选出来的贤能之士。这里可以看出，古代官府官员为官的标准并不是由于资产、家世，而是由于其才能和口碑。后来，推举之法产生流弊，唐代后取消了推举法，而实行科举制度，即自由报考公开竞选。从唐到清一直实行科举制，通过科举制选拔人才，组织政权。“荐举”和“科举”作为中国古代主要的人才选拔方式，一方面为朝廷输送了大量贤能之士，以此建立了社会的自我治理机制；另一

① 钱穆：《中国历史精神》，贵州人民出版社 2019 年版，第 42 页。

方面也为人员阶层的垂直流动打开了通道，促进了教育风气的盛行。总结说来，"'德政''礼法''选贤'共同构成了传统中国民本社会治理的架构与逻辑"①，其中，贤能政治在古代的社会治理中具有重要的政治功能，如基于民本思想进行政治表达、政治评价、政治劝勉、政治调节等。由于古代基本上是德治社会，礼贤下士、"选贤与能"对于国家的治理至关重要，因此也涉及一套"选贤与能"的程序和方法。孔子主张"始吾于人也，听其言而信其行；今吾于人也，听其言而观其行"（《论语·公冶长》），即听言观行以知人。在知人之后还要讲究用人，然而人无全人，因此还主张适才适用、扬长避短、人尽其才。正如魏源所说："不知人之短，不知人之长，不知人长中之短，不知人短中之长，则不可以用人，不可以教人。"（《古微堂内集·治上篇》）

说到这里，必须解释一个问题，那就是皇帝与官员的关系。因皇帝是世袭，官员是平民通过考试进入官府，二者谁是权力中心？是否一切大权都在皇帝手中？皇帝确实是政治中心，但这并不意味着一切权力都掌握在皇帝手中。中国古代政权的组织方式和官僚机构也在一定程度上显示了古代是学术指导政治的组织形式。秦汉时，皇帝之下有宰相，皇帝敕旨，实际由宰相发出，经由皇帝盖印。唐代最高命令是皇帝敕令，但皇帝敕令并不由皇帝直接发出，而是由中书省拟撰发布，门下省审核，尚书省执行。唐朝政令由宰相拟制，皇帝同意即盖章颁发，但到宋代，

① 张冬利：《从"选贤与能"看儒家民本社会治理秩序的动态平衡》，《海南大学学报（人文社会科学版）》2018年第5期。

中央集权更加集中,需宰相草拟意见,皇帝看过同意后,才正式拟敕。宋太祖乾德年间因旧宰相已经去职,皇帝要下令任命新宰相,却找不到这道敕令的副署人,这就使皇帝敕令不能合法颁布。当时的做法是召集了很多有法制经验的大臣讨论,由参加宰相会议的大臣盖章代发。因此古代政权大权并不是只掌握在皇帝手中,而是掌握在宰相或一定权力机构手中,明清时期因中央集权强化,取消了宰相制度,皇帝的权力才变大了。由于宰相必须经过吏部考试出身,没有这等出身就做不到宰相。因此,大体上来讲,古代是贤能政治。从官员的升降问题中也可以看出皇帝权力受限。官员升降并不是全由皇帝说了算,而是由专门机构负责。以唐代为例,五品以上的官吏是由宰相决定、皇帝下敕令加以任命的,而五品以下的官员则由尚书吏部决定。皇帝直接任命的官员是非法的,史称“斜封官”,是羞耻的。这种选官制度、官吏升降制度以及皇帝和官员的权力分工足以证明中国古代政治是贤能政治。正因如此,才会使传统民本思想中的为君之道与为官之道都呈现出明显的道德规约性、文化规约性。

第三节　传统民本思想的文化背景

从民本思想的内容看,民本理论的最根本依据是“天道”。因有天道,才有君道、官道。民众的基础地位首先出自天道,而道之所在,就是中华民族文化精神之所在。民本思想体现了以道为核心的中国传统文化观。而以道为核心就是以人为核心。因为中国传统文化讲天人合一，道作为一种有序和谐、尽善尽美的状态或境界，贯通天、地、人。而中国传统文化对得道之人推崇备至，认为人有道是天下有道的基础条件和根本体现。中国传统文化精神以寄存在人与心为出发点，由此推开去，到人皆可为尧舜，并以此而实现家齐、国治、天下平。其中蕴含了民本思想的实践路径和政治理想。实践路径即内圣外王。中华民族绵历五千年的历史生命中始终存在着、依靠着这一种传统文化精神。政治理念就是平天下，或说天下有道。此部分分析民本思想的文化背景，就从“道高于君”“内圣外王”和“天下有道”三处着手。

一、道高于君

《易经》说“形而上者谓之道，形而下者为之器”，形而下意思是成形后的、具有物质形象的器具，形而上意思是成形以前的、客观看不见的道。二者的关系是任何器具所成都有一成形之前的本源，就是道。开物成务属于器，在开物成务之上还有其不可见之道。《易经》将开物成务都归属于圣人，是因为圣人都是得道者。只有得道才能显现事功。道虽人人都能修，是一道德文化内涵，但得道者一般为人君、作人师，又建事功立大业，这里就有了一层政治含义。与《易经》中这一说法相类似的还有春秋时鲁国上卿叔孙豹与晋国上卿范宣子对于不朽问题的讨论。范宣子问叔孙豹如何才能做得人生不朽，叔孙豹不直接回答，反问范宣子看法。范宣子直言范家始于尧舜时期，经历夏商周三代，至今已经流传二千年之久，这样的家世算不算不朽呢？叔孙豹却认为流传千年的世家只算世禄，还不能谓之不朽。他认为不朽有三，即立德、立功、立言。立德、立功、立言是谓不朽，这一信条已经流传至今，成为至高道德标准和人生信条。一个人为人立德、立功、立言，别人就会了解你，接受你，进而有追随，有效仿，以使显现于个人之身的大道扩散、永存。不朽有三，立功、立言都属于开物成务层面上的不朽，而立德却属于道德层面上的不朽。叔孙豹将立德放于首位，高于立功、立言，就是将形而上之道看得比形而下之器更重。文化、政治都可开显为事功，但中国人讲究事功之内必有一精神贯彻。做任何事，贯彻那股合于天地、事理的精神最为重要。一旦精神败落了，事情本身也就腐化了，任何事功，如果缺乏了其中贯彻的文化精神，也就谈不上有意义、有价值了。也就是说虽然不朽的事业包括品德、人性等主观因素，也包括疆土、财货等实际业绩，但正心修身的自觉道德修养是治国平天下之显赫事功的保证，后者只是前者的体现。

综上所述，可概括出两点信息：首先，古代政治与古代文化紧密联系在一起，政治现象从发端之处就带有一种文化色彩。正如上一节我们所说，国家与政治组织在古代中国的首要职能是弘扬最高文化，而古代道德也首先围绕君德、政德展开。对此，我们稍作展开。在《尚书》中，德就主要用于规范统治者，主要是为王位获得规定条件，为君权行使设置规范。比如必须“帝德广运”“以德配天”“明德慎罚”等。后来的统治者使用义来讨论与德相关的问题，也属于古代道德问题的范围，而在义的使用中，大多也都是与政治有关的。如“事君者，从其义”“义以生利”“协助治义，以从民意”等。除此之外，有些道德范畴直接发端于各种君主称谓，有些君主称谓又来源于道德范畴的现象也可以证明政治与文化之间的联系。“王”“公”“君子”无疑都是重要的道德符号，但它们起初都被用来称谓君主。如《老子》中说：“公乃王，王乃天，天乃道，道乃久。”在这里，王具有明显的道德符号意蕴。“圣”本意是感官敏锐、耳聪目明者，最初是道德符号，后来被用于称谓君主。后来这些词既可以用来称谓道德高尚者，又可以用来称谓君主，具有了道德和权力双兼的意蕴。现实生活中，圣而为王，王而为圣，也一直被视为做人、为政的最高境界。显而易见，圣与王的相互转化本身就说明了古代中国的道德与政治是结为一体的。道德是政治之本，道德修养的目的就是实现政治统治。作为道德论，“大学之道”适用于一切人；作为政治论，它又适用于一切统治者。其次，古代政治与古代文化间的关系确切说应是文化指导政治，政治表现文化，而文化又是人的文化，通过人创造并发扬。也因此，传统民本思想体现出来的一个鲜明逻辑就是治乱不在于君主和官员知不知道、赞不赞成民本思想，也不在于民本思想的内容发展如何，宣传如何，而在于君主、官员的道德品行，在于君主、官员的个人行为，一句话，在于“人”是否有道。中国政治治乱的关键点在人心、人性发扬几何上。例如,孟子的性善论既是人性论,也是道德论。它要研究的是如何拿人类自己的心来拯救我们的国家和天下,而努力使苍生保暖,从而领导这天下不断上进。孟子预设人性本善,也就是预设了人生最高满足就是人性之善的彰显和发扬。人性本善还预设了一种主观能动性,既然我心本善,我便有向善的可能,无论仁爱的环境如何,无论别人爱敬我否,我都可发挥主观能动性,一心向善,我在向善的过程中同样能感受到快乐和满足。这是人类自己内心之要求,是不受任何束缚的最高自由。到此达修身之境还不算完,因这是人性之事,所以人人都可向善,那么首先得道之人可通过言传身教扩大这善的影响,使其他人也向善,以此之途径达到双向作用,即个人与他人的共同进步,救世救国也在于大家一起向善。这是每个人都可达到的事业,只要人人都向善,都发挥道德精神,在满足自己最高自由的同时也就完成了大家最大的责任。治国平天下是政治领域的话题,但中国古代讲治国平天下靠的是修身,即人心。治国平天下的理想也正是达到人人向善之境界。这就规范了政治与文化的关系,政治是要发扬文化,表现文化,文化指导政治,是达到理想政治境界的根本途径。而中国古代文化的特点正是内修型,即通过人心、人性的修炼彰显最高文化,从而也达到理想政治。

我们将上述文化指导政治,政治体现文化的命题缩小至传统民本思想的领域中,可用“道高于君”这一命题具体展开探讨。“道高于君”是将道放在本体、至上的位置,将王道置于一种典范性、理想性的地位上，认为道义高于权势，君主必须体道、因道、行道、守道。

那么在“道高于君”这一命题中，道具体有哪些内涵呢？首先道是指人世间一切制度、法则、规范和观念的终极依据。由于君命来自于天命，因此君主必须体道。其次，道还指调节人类社会生活的道德规范。《易经》中有曰“人文化成”。人文怎解呢？文通常指一些花纹，红绿搭配起来形成花纹，男女结合、老幼结合也能形成一些花样，叫人文。在这些人文里，会由于关系的复杂性衍生出更多的道理来，也就是这里所说的“道”。道由人文化成，故有夫妻之道，父子之道，君臣之道，修身齐家治国平天下之道。也就是说，道还指产生于社会群体并调整人际关系的社会规范。古代中国非常重视这些约定俗成的社会规范，它最切近人们的现实存在，又对人们的生活起到非常大的规范作用。这些规范最初以风俗、习惯、道德、民约的形式存在，一般被称为礼。礼是具有共同文化背景的社会人群普遍接受并长期传承的标准行为方式。它们适用于社会共同体中的一切人，一方面通过各种社会途径内化到人们的心中，成为由内向外起约束作用的道德规范，另一方面外化为约定俗成的社会规范和舆情法律等，通过外力控制民众行为。正是这些适用于一切人的社会规范在国家产生初期转化为政治规范。即使在政治观念比较蒙昧的时期，宗法族规、伦理道德和各种社会规范也都要求统治者遵循，君主若罔顾礼法，就会遭到非议和反抗。对此，《尚书》中记载的战争誓词提供了证明。这些政治规范随着古代政治的发展逐渐理论化，演变成了思想家口中的德、义、道。

“道高于君”的基本思路大体可以归结为以下几点：1. 道义高于一切。在政治上，道既是政治认同的标准，又是政治批判的依据。2. 国家和政府是为了弘扬道义而设，因此各种制度和组织设置必须符合道义。3. 君主之位必须是有道者才能胜任，因此古代的统治者不仅是权势上的极致，还要求是道德、修养上的极致。这就用道德、伦理、文化的柔性方式给权力套上了枷锁。4. 君主必须体道、因道、行道、守道。如果说上一条说的是以道正己，这一条就是以道治人。5. 君主必须任用有道义之士。在这一政治原则的指导下，中国古代政府主要由读书人参加考试或被推举产生，士大夫是道义的执行者和传播者。6. 君臣合道始是治世，否则便是乱世。这显然来自于历史经验。7. 有道者得天下，无道者失天下。

“道高于君”的基本观点和思路并不是儒家所独有，而是百家共识。道家的思考最先达到高度思辨的程度，法家也将这些思路纳入到自己的思想体系中，而墨家和儒家大体相类。他们的差异不是表现在思路和观点上，而是表现在对“道”的理解上。儒家强调礼仪和仁政，道家强调自然和无为，法家强调法律和术势。因而儒家之道以礼治仁政为核心，道家之道以自然无为为核心，法家之道以法、术、势为核心。但是无论以什么道为核心，不变的各家是都认为君主政治的一般原则高于具体的君主和权力。纵观诸子百家的思想，他们都会使用道来谈论自己的政治主见，也都有“以道正己”“以道治人”的观点，因此在“道高于君”，政治以发扬文化这一点上，中国古代的思想家大体上能达成共识。由于儒家长期占据中国意识形态的主流地位，这里着重介绍一下儒家的道统论。道统，就是道德传承之统，是哲理化程度和思辨性极强的论证与规范王权的思想，通常被用来作为政治认同和政治批判的标准。孔子、孟子和荀子等大儒都主张志于道而不屈于权，道高于权势。他们“祖述尧舜，宪章文武”，一方面以先王之道为理想，奉先王为君道合一、君师合一的典范，另一方面则以当代传承者自居，到处传道，呼吁当今世主效仿。孟子曾开列一个从尧、舜、汤、周文王到孔子的圣人传承谱系。后经韩愈继承并改造，韩愈在《原道》中提出了自己的道统理论，认为尧、舜、禹、汤、文、武、周公、孔、孟一脉相承，是谓道统。这一道统后被程朱理学所继承。道统论的基本思路是：1. 圣人之教是谓道统，道统事关重大。2. 道统与君统相辅相成，相辅相抗，分合更是决定了国家治乱。3. 有道者应有位，有位者才能行道。权势压不倒道义，但依托权势才能行道义。这种观念推动很多儒家学者一方面把得位行道作为自己的终生理想，积极入世以求推行道义；另一方面又期盼圣者为王，王者为圣，为此他们忠肝义胆，敢于直谏。这两方面都是具有极强操作性的政治主张，前者是要求自己，后者是要求君主。于是儒者都关心如何“修身齐家平天下”，如何“格君心之非”，如何“格物致知”，如何“格民心之非”等。

儒家道统论与其他诸家不同，就在于儒家特别讲究仁义、讲究道德，治国方式一直推崇的是仁政、德政，提倡以道德感化人。

这里举一例以说明。在《清史稿·循吏传》中记载了一真实案例:有两兄弟到知县那里去打官司。打什么官司呢?原来是老父亲去世了,留下七两银子,这七两银子怎么分?两个兄弟就在那里争,争来争去打得头破血流不可开交了,就到知县大人那里告状。那知县怎么仲裁呢?知县大人不仲裁。他先把官帽摘了,抱着两兄弟痛哭。然后他会说,实在是我这个父母官没有当好啊,竟然让你们兄弟反目,就为了几两银子连十几年的兄弟情分都不要了,归根结底是我这个知县失德。……很多时候,就是这个知县硬生生地把兄弟两个给哭回去的。我们兄弟知错了,不告了。① 由此可以看出,中国古代官员在调节民事纠纷的时候,会倾向于道德规范,争取当事人"息讼"。之所以会如此,正是由于儒家意识形态指导下的评价官员的标准更注重道德考核。如果一个地方的官员能够对辖区内的百姓实施良好的教化、政通人和,就不会出现需要运用法律来处理的诉讼,而这才被认为是有智慧的好官员。

儒家的道统论讲究仁义德政,将"天下有道""道高于君"和"师君合一"的政治理想进一步强化了,也进一步拉大了这种政治理想与现实的差距,从而对君主和官员提出了更为严格的要求和标准。只有严格要求自己,完全做到符合王道、德治、仁政才能为王为圣,一丝杂念和错事都将使人跌入无道的境地。因此统治者和官员必须时时自省,常常更新,不断接近理想化的政

① 张程:《制度与人情——中国古代政治文化》,陕西人民出版社2015年版,第10页。

治和道德境界。

二、内圣外王

在文献中,最早明确使用“内圣外王”思路来谈论道德与事功的关系的是《庄子·天道》。“夫帝王之德,以天地为宗,以道德为主,以无为为常”,“以此处上,帝王天子之德也;以此处下,玄圣素王之道也”,这样的人“静而圣,动而王,无为也自尊”。帝王如此施政,“则功大名显而天下一也”。(《庄子·天道》)在这里,圣是道德的内化,王是道德的外显,高度体现道德者,静则“素王”,动则“帝王”,圣与王是内化和外显的关系,二者一体不二。这就是所谓的“内圣外王”。《庄子·天道》全篇都是论证大道为本,力图循着“内圣外王”的路径,实现天下太平。自此以后,内圣外王成为一个普遍被认同的文化观念。之所以说它是一个具有普遍意义的文化观念,原因有三:1. 内圣外王是超越学派的道德修养公式。先秦诸家都曾从道德修养的角度谈论修身、体道、行德。如《老子》的“圣人执一”、《论语》的“克己复礼”、《墨子·鲁问》的“合其志功而观”、《孟子》的“尽心”、《荀子》的“人心惟危,道心惟微”、《庄子》的“内圣外王”、《大学》的“修齐治平”等。诸子百家都认同内圣外王的思路,所不同的只是对“道”的理解,道家强调遵循天地所体现的自然法则,法家强调遵守既定的制度化规范,儒家讲究遵守公认的伦理道德规范。后世注疏《庄子》者,也不限于道家,诸家以尧舜为天子的典范,以孔老作为素王典范,主张帝王以天地为宗,推行君主无为、臣下有为、"内圣外王",后经由儒家学说吸收改造,成为占主导地位的道德理论和政治理论。2. 内圣外王是适用于一切社会主体的道德修养命题。它对所有的社会成员的进修之术都设定了一般的要求,而其最佳范例则是圣王,最高理想则是王圣。内圣外王虽是至高的大境界,但讲究从个体人心出发,体道修道,并在此基础上推己及人,是人人都能去做的一套规则。"自己先求合道,始可望人人各合于道。这一理想,照理应该是人人都能达,但实际则能达此境界理想者终不多,此即中国所谓之圣人。但照理论,又还是人皆可以为尧舜,人人皆可为圣人的。"①具体说来,这种修养方式有以下几点要求,不问条件和环境,人都可通过自己的努力去成为一个有意义、有价值、合理想、合标准的人;活在当下,在当下去努力就可以实现最高理想,最高道德,无须讲究任何条件,也不必等到死后;我当下便可出发去成为一完人,但我又可以苟日新,日日新,日新其德,作一新民,而这会使人有日进无已之快乐。一步步向前,一步步完成,这样的人生就是最有意义和价值的人生。由此可见,中国传统非常讲究做人的学问,给所有人成仁成圣的机会,是一种以人为本的文化。由此说开去,肯定会有人问,"内圣外王"不仅讲究道德上的精进,还讲究博大的事功,这后者就不是所有人都能达到的了。虽说如此,但中国"内圣外王"之文化含义却并不拘泥于事

① 钱穆:《中国历史精神》,贵州人民出版社 2019 年版,第 160 页。

功，古代很多于历史有意义之人都并无大事功表现，但依然被提倡、被纪念，实现了自己的不朽。比如，孔子门下人才济济，冉有、子路以军事、财政见长，宰我、子贡以言语外交闻名，子游、子夏的文学著作被后世人所称道，这些都是有事功表现的。但孔子弟子中被后人最为称道的却不是这些人，而是颜渊、闵子骞、冉伯牛、仲弓，这四位并无大事功表现，但却被列为孔门四科之首。除此之外《史记》七十列传第一篇是伯夷叔齐，但此二人也没有什么事功表现。再如《三国志》中有大事功表现的比比皆是，但后人却说三国人物首推管宁，然而管宁却没做什么大事。这些历史上记载的并无表现的历史人物被后世人极为重视，原因在于他们在历史上也有他们的意义和价值。他们的意义和价值均不在外显之博大事功上，他们的表现在于内在的心性与德性上。这一优秀的品性和心性对民族精神之弘扬与存续，对其他人品性之感染和引导起到了重大作用。寄托在人心性之上的这股文化精神是中华传统最为精到之处，也是引领中国历史绵历几千年的最大功臣。3.“内圣外王”的内涵极其丰富，涉及哲学、社会、宗教、道德、艺术等诸多方面，代表华夏圣贤文化特色，因此以文化观念概之。圣，即圣道，是内化的道德至善；王，即王功，是外显的博大事功。“所谓内圣外王，即道德如圣人，事功如王者，由内圣还推出外王，以外王来展示内圣，身兼道德至善与事功博大于一体。”①因内圣外王是一文化观念，这里说的博

① 张分田：《民本思想与中国古代统治思想》下册，南开大学出版社2009年版，第545页。

大事功就不限于政治业绩,还可表现为文化的各个方面。但无论哪个层面的事功,其表现的都是作者本人的“圣道”或说道德修养,即作品载道,作品之伟大处正是由于显现了作者本身的人格。如屈原的《离骚》表现的正是屈原本人的个性;陶渊明的诗表现的是其自己,杜甫的诗也表现的是自己。中国传统文化中的作品之优秀处不是在作品中创造人物和个性,而是在作品中释放作者自己的人格和魅力。很多外国的优秀作品创造了、成就了作者,中国古代的文艺作品则是作者本人成就作品。作者本人就是道本身,文以载道,就是文以人传。“中国文化之内倾,主要在从理想上创造人、完成人,要使人生符于理想,有意义、有价值、有道。这样的人则必然要有一人格。中国人谓之德性。中国传统文化最着重这些有理想与德性的人。”①

前面我们说了“内圣外王”的文化内涵,但“内圣外王”也是论政治、论帝王不可或缺的思想命题。我们谈论传统民本思想的文化背景,在此处就应落实为“内圣外王”这一命题的政治意蕴。内圣外王的理论结构是以道德修养获得圣质,圣质则外见于事功,外王必须内圣,道德是事功的基础,内圣旨在外王。到得政治上,道德的价值目标就是安民济世的政治事功和社会事功。德性与政治贯通,圣质与事功统一。内圣是道德,外王是政治。圣王既具备最高道德,也具备最宏伟之政治事功,是道德王与政治王的统一。可见,“内圣外王”的文化观内蕴论证王权和

① 钱穆:《中国历史精神》,贵州人民出版社 2019 年版,第 158 页。

规范王权两种理论因素和政治功能。再说,圣与王的关系。首先,唯有圣,才能王,但也有成圣而不成王的人,这类人称为素王。素王已经极具地位了,但是中国文化中更加推崇圣者为王,圣的归宿是王。虽然内圣外王适用于一切人,但能兼备圣道王功的毕竟唯有王者,只有在王位,圣人才能做到己立而立人,己达而达人。

“内圣外王”虽是庄子提出的,但诸子百家都从道德修养的角度谈论政治的理论。他们都要求君主体道、行道,正是在这个背景下,圣和王最终被粘连在一起,“内圣外王”成为最具有中国传统的道德修养论和政治道德论。由于儒家在统治思想和主流文化中占据特殊地位,儒化的“内圣外王”对中国政治思想起到了关键作用。儒家讲究由己及人,道德教化,主张治己身,感人心,平天下。儒化的“内圣外王”是以礼自治并以礼治人,以礼自治是内圣,以礼治人则是外王。其中《大学》提出的“修身、齐家、治国、平天下”最能体现儒家“内圣外王”的基本思路。《大学》曰:“大学之道,在明明德,在亲民,在止于至善。知止而后有定,定而后能静,静而后能安,安而后能虑,虑而后能得。物有本末,事有终始。知所先后,则近道矣。古之欲明明德于天下者,先治其国。欲治其国者,先齐其家。欲齐其家者,先修其身。欲修其身者,先正其心。欲正其心者,先诚其意。欲诚其意者,先致其知;致知在格物。物格而后知至,知至而后意诚,意诚而后心正,心正而后身修,身修而后家齐,家齐而后国治,国治而后天下平。自天子以至于庶人,壹是皆以修身为本。”(《礼记·大学》)。大学之道发挥了孔孟思想,旨在培养造就统治者。后人将“大学之道”概括为“三纲领”“八条目”。“三纲领”指的是明明德,即体认道德,并昭示天下;亲民,即推己及人,亲爱民众,教化百姓;止于至善,使君臣父子等社会角色都能达到并保持符合伦理道德标准的最高境界。“八条目”是治理天下的八个循序渐进的步骤,即格物、致知、诚意、正心、修身、齐家、治国、平天下。前面五个是个人道德修养的步骤,是内圣的功夫,后面三个则过渡到以德治国的展开,是外王的功效。这套圣贤功夫是由内向外,由己及人,以自我修养为本,从耕种人心为起点,进而播撒道德,并进一步以家齐国治为统治的手段,最终达到平天下的目的。显而易见,这套“内圣外王”的功夫是以道德、人心为本,进而外显以求一个理想的政治境界。从所谓的“大学之道”中,我们看到了中国古代的治国之道、为君之道,我们也就能够了解民本思想的基本逻辑,如德政主义,如君本和民本的统一等。

三、天下有道

中国传统中的“道”说的是修身、齐家、治国平天下的人生大道,那么这种人生大道如何达到呢?主要途径就是从理想上创造人,完成人,使人无限接近理想中的道义所在。自己先求道,望人人从道,以达至天下有道之境界。由此可见,民本思想背后的中华文化是人本位的。中国人讲的道是合于天地的大道,但这大道表现在人身上,也是一种人情人道。“中国人并不想科学只是科学，艺术只是艺术，宗教只是宗教，可以各自独立。却要在科学、艺术、宗教背后寻出一道来，此即艺术、科学、宗教之共同相通处。”①“道则存在于个人，存在于社会，存在于天下，存在于历史传统里。”②中国的传统是把文化传统精神寄托在每一个人的身上、心里，乃以每一个人为出发点，由此向外推出去，到人人皆可为尧舜，到各自身修、家齐、国治而天下平。最终以天下平和世界大同为极致境界。由于道依托在人身上，因此每一个人对天下有道之大境界都各有一份责任。这一份责任在士这一群体中最为鲜明，他们往往不惜身家性命，为民请命。这种行为最自由也最坚强，正体现了中华传统文化提倡的这份责任、道德与骨气。

王道是实现“天下有道”的最重要途径。治民与王道始终结合在一起。传统民本思想中的治民思想与王道思想就内含了“天下有道”的政治理想。下面，我们从政治的角度分析一下“天下有道”的政治理想。道在政治上是指各种政治调节理论及相关的理论化的政治规范的高度概括。人们在政治实践中形成经验性认识，并抽象出一套原则和价值，进而形成一种有序和谐、尽善尽美的政治理想，并将修道、体道、得道、备道、同道的圣贤归为圣王。由于对道德理解不同，思想家的政治理想也有很大差异，儒家有儒家的王道，法家有法家的王道，道家也有道家的王道。如儒家的政治理想是以礼为治、以仁为政、以圣为王，

① 钱穆：《中国历史精神》，贵州人民出版社 2019 年版，第 186 页。

② 钱穆：《中国历史精神》，贵州人民出版社 2019 年版，第 186 页。

法家的政治理想则是"事在四方,要在中央,圣人执要,四方来效"(《韩非子·扬权》),道家的政治理想是圣王与无为,墨家的政治理想则是圣王与兼爱。虽然不同思想家的王道观有明显差异,但都是以理想的政治手段实现理想的政治局面。理想的王制、王道、王者被认为是"天下有道"的三个基本要素。汉唐以来,儒家经典的"圣王之制""天下有道"被奉为官方学说。在历代大儒看来,王道可归结为一个德字,提倡德政,而德政关键在于养民。"儒家传人普遍以'尧舜之道'为王道的典范,以'五帝三王'的制度为'公天下之法',以尧、舜、禹、汤、文、武、周公为道义圣圣相传的'道统',这类'先王之制'、'圣人之言'、'孔孟之道'有极其广泛而又深远的影响,它始终是占主流地位的政治文化。"①

古代民本思想在这样的文化背景下,也蕴含着上述文化思路。这就使它成为评价现实政治的价值标准,而且也转变为文化和信仰层面的一种价值信条和政治情感,因此在引领政治行为、凝聚政治共识与社会力量层面起着非常重要的作用。

① 张分田:《民本思想与中国古代统治思想》下册,南开大学出版社2009年版,第539页。

第三章　传统民本思想中蕴含的贤能政治路线

前文我们在中国传统文化的大背景下考察了传统民本思想的发展阶段和发展逻辑，并通过其历史背景与社会基础的分析使民本思想以更加立体的形象显现。在此基础上，我们可以得出三个基本观点：一是传统民本思想的主要内容是设君之道、为君之道、为官之道，这是我们对传统民本思想的历史定位；二是中国古代政治与道德融为一体，政治道德化和道德政治化的特征明显；三是道德对封建政权的重要作用靠人去实践，传统民本思想中包含一条“内圣外王”的修身为政的具体路径。古代士人群体的道德精神和古代的贤能政治是蕴含在传统民本思想当中的中华民族根本的文化基因和深沉的精神追求，是国人始终无法割舍的思想资源。

第一节　传统民本思想的历史定位和鲜明特征

一、历史定位：设君之道、为君之道、为官之道

学界有些研究将传统民本思想理解为一种统治者为了维护统治、招摇撞骗的手段，一种“挂羊头卖狗肉”式的旗帜和幌子。这样的定位显然不符合传统民本思想真实的历史定位。从上文发展阶段和内在逻辑的分析中，我们可以说传统民本思想在古代统治思想当中具有极其重要的历史地位，古代的政治思想是以民本思想为基础框架所构建的。就其内容和思想家观点而言，我们可以知道传统民本思想是一种系统论证、全面规范为君之道和为官之道的体系化的政治理论。这可以为下列事实所证明：传统民本思想的产生几乎与王制的萌生相一致，并在历史的发展中随着王权的发展而进一步强化和丰富，在皇权确立后，传统民本思想不但没有消亡，反而成为官方学说不可缺少的组成部分。而当皇权走向衰弱时，传统民本思想反而更加体系化、官学化、大众化。这说明随着帝制的集中和衰落，规范君主之道和为官之道的民本思想因统治和缓解矛盾的现实需要得到了强化。除此之外，还可以用于证明这一点的则是传统民本思想不是哪一个学派的思想，而是儒、道、墨、法、阴阳、名、杂等几乎每

个学派都认同的。虽然这些学派在施政政策和哲学基础的论证方面各有差异,但是在传统民本思想的基本思路上并没有差异,几乎都认同民为邦本、立君为民等。而历代统治者也都认同这些传统民本思想的基本思路,随着民本思想的传播和官学化,甚至社会各层人员都能就民本思想达到共识。结合传统民本思想的历史地位和发展阶段、主要内容的分析,我们可以得出以下几点结论:首先,传统民本思想是一个逻辑性很强的、体系化严密的政治学说,涵盖哲学基础、政治思路与具体政治举措。而就其主题说来,民本思想主要回答"为何立君""何以为君""何以为官""何以为民"等各个层面的理论问题,并侧重从各种政治关系去回答和论证这些问题。其中,设君之道、为君之道、为官之道是传统民本思想的关注点。其次,传统民本思想是由民之地位出发去界定君主和官员。初看起来,民本思想是关于民众的政治思想,实际上它是关于君主和官员的政治思想。这样,传统民本思想就把国家、政治、君主、官员、民众串联在一起,形成了一个思维网和理论网。传统民本思想的理论核心可以在这个理论网中与各种政治关系和政治思想相联系,甚至可以和其背后的文化、道德观产生联系。比如,天立君为民的理论就和天下一统、道义高于君、官员从道不从君等政治理论和道德观念结合在一起;再比如,设官为民的理论就和"政在奉公、事在为民"等官僚规范以及君臣合道等理念结合在一起;还有,君主重民任贤等理论就和君臣、君民、臣民等政治关系论结合在一起。这个网络联合体在第二章的分析中已经有所表明,在接下来的分析中也会以这一相互贯通、浑然一体、不可分割的理论整体作为出发点。即使我们分析的是其中一个命题,或者一个理论,但是由于这一整体的存在,每个理论也具有了一种全息性。再次,传统民本思想作为关于君道、官道的政治思想,其背后又有一种中华民族所特有的道德文化及其精神所支撑,这就使古代传统民本思想在包容政治学说体系全部内容的同时,也包容了古代道德文化的诸多内容,如士人群体的道德精神等等。

体系化的民本思想涵盖中国古代政治思想的基本框架,也几乎贯通传统文化的理论精髓。我们可以透过一部传统民本思想的发展史,看到一部政治思想的发展史,领会古代贤能政治的组织方式和要领所在,并叹服于古代士人群体高尚道德精神对古代政治运行的极端重要性。虽然民本思想自成体系,涉及天与民、国与民、君与民、官与民等各种政治关系,解释各种政治现象,探究政治规律和经验,并以此为据开展政治实践。但说到这套政治学说的主题和主旨,那还是设君之道、为君之道、为官之道以及建立其上的治国之道。

传统民本思想首先是一种设君之道,在其设君之道——立君为民,或说立君为公、立君为天下——鲜明的民本特色就体现出来了:它一方面从政治本体论的角度论证了民众在国家中的基础地位,另一方面又规定了国家、社稷、君主和官员为民而设。立君为民的设君之道通常从天命和革命两个方面去理解。而孟子、董仲舒、孔颖达、张载以及理学诸家都将天命和革命两个因素结合在一起来解释民心向背的问题。天为民立君,“天听自我民听”,“天从民欲”,也就是说,帝天之命,主于民心,那么民心向背最终会使天命转移。这样设君之道的政治目的在于安定民生,得民养民是君主的天职,也是其保有君位的必要条件。由此可见,立君为民的设君之道就道出了各种政治关系论以及富民、利民、养民、育民等为君之道和为官之道。如果说,在民本思想中,立君为民、为公、为天下处于政治本体论的位置,是一个回答“为什么”的解释性命题,那么从中推论出来的为君之道、为官之道则旨在将立君为民的设君之道以及相关的政治关系落到实处,其中很多施政原则和道德精神值得我们予以研究和学习,比如,天子为民父母和老师,那么安定民生、养育民众就是其根本职责;富民、利民、养民、育民、安民等治民原则;为政以德、修身为政等为官规范等。

总结说来,民本思想不是一种仅仅涉及民之地位的政治思想,而是一种以民之基础地位作为出发点以论证设君、为君、为官的政治思想。民本思想的内容极其广泛,是包含传统政治思维的全部内容,反映古代道德文化及其精神的政治学说体系。而其中为君之道、为官之道及其与之相关的政治关系是这套政治学说的主题与主旨。以上就是我们对于传统民本思想的历史定位。

二、鲜明特征:政治道德化和道德政治化

传统民本思想的政治思路道德意识非常浓厚,这实际表明

了中国古代政治特色便是与伦理和道德紧密相连。实际上，在第二章的分析中，我们已经指出了传统民本思想中所包含的政治道德化的倾向。政治道德化就是通过把“封建统治的政治目的、政治权利、政治秩序等归结为伦理道德观念，进而从伦理道德的角度证明封建政治制度的合理性”①。

根据徐中舒的研究，《商书·太甲下》已经记载了政治与道德的关系，“惟天无亲，克敬惟亲。民罔常怀，怀于有仁。鬼神无常享，享于克诚。天位艰哉！德惟治，否德乱。与治同道，罔不兴；与乱同事，罔不亡”②。也就是说，道德问题在商代已经与政治联通。但普遍认为真正的道德观念是在周武王取代商纣王时期才开始产生的。周武王在灭商之后，从两个方面解释了这种现象，一方面是斥责商纣王违背了上天所要求的德性，而天从民欲，因此降罪于下，使其灭亡；另一方面则标榜周朝立朝是因为拥有上天所要求的道德。显然，道德在这里成为政治统治以正己身的一种手段。周武王清晰得指出政治的合法性需要建立在道德之上，并第一次系统地提出了政治统治要施行“德政”。《孟子·梁惠王下》曾引《尚书》曰：“天降下民，作之君，作之师，惟曰其助上帝宠之。”这显然继承了周公“以德配天”的原则和“德政”原则。君师只有履行了治理教化百姓的职责，上天才能给予其统治的权力，君主是集政治与道德于一身的。周公“立君为民”和“以德配天”的民本原则奠定了古代传统民本思想的

① 陈力祥：《民本论》，华夏出版社 2013 年版，第 3 页。

② 《十三经注疏》，中华书局 1980 年版，第 167 页。

主要基调，也决定了古代的政治特色，那就是一方面以德治国为主，另一方面要使国家达到道德社会的状态。这种中心和重点体现了传统民本思想的政治道德化的鲜明特色。对此，刘泽华认为，“周公最重要的贡献之一就是把德当做政治思想的中轴。有了德，上可得天之助，下可得民之和。有天之佑，又得民之和，便能为王，历年而不败”①。周王朝对于道德与政治关系的论证和实践对后世可谓影响深远。

孔子对于政治的理解就是典型的政治道德化的理解，他认为政治在某种意义上就是道德教化，使民众归之于正。正人必须先正己。“苟正其身矣，于从政乎何有？不能正其身，如正人何？”正己才能正人。“其身正，不令而行；其身不正，虽令不从。”正己，别人就会知道你，效仿你，以德导民所达到的效果远非刑罚政令所能比。“子欲善，而民善矣。君子之德风，小人之德草，草上之风，必偃。”“道之以政，齐之以刑，民免而无耻；道之以德，齐之以礼，有耻且格。”从这些词句中我们可以看出，孔子主张实行德政，以道德感化的方式治国，并认为这种方式比政令刑罚更有用。其中所包含的前提是对人性本善的肯定，由于人性本善，所以对人实行道德感化能使他明白道理，爱他人，并人推人以致达到至善的社会。孟子进一步发挥了孔子德政的思想，其民本思想中也体现出非常明显的政治道德化的倾向。孟子从人性本善的基点出发，认为人人都可为尧舜。修道机会的

① 刘泽华：《中国政治思想史集》第一卷，人民出版社 2008 年版，第 27 页。

平等使君主有实行仁政的可能性:一方面君主可加强自身的道德修养,以率先垂范,使政治太平;另一方面民众也都性本善,都有修道的机会,因此以君主官员为标榜,则可以得到感化,从而也在道德上有所精进。君主还有实行仁政的必要性,只有君主施行仁政才能上行下效,臣子才能心怀仁义以事君主,儿子才能心怀仁义以事父兄,从而使君臣父子能都心怀仁义相互联系,以此达到政治的道德效果。荀子主张以礼治国,实际其以礼治国中也包含了大量的民本思想,其中值得注意的是,荀子所说的礼也是包含道德规范在内的礼。他认为人之所以为人就在于有礼教,人应该循礼而动。他指出礼治威力有三:有道德之威者、有暴察之威者、有狂妄之威者。此三威者,不可不孰察也。显然道德治国相较于刑罚和暴力更有威力。德政的思路和弘扬最高道德的政治理想随着儒家占据主流意识形态的地位得到了历代统治者的认同,并基本在历代统治者那里得到了实施。

古代民本思想中蕴含的政治理想是天下有道,即要达到理想中的道德境界。"把道德视为人类社会中最根本的东西,而政治只应是实现道德的工具,政治的根本问题应是道德问题。先秦儒家均致力于人的由内而外的转化,欲将这个世界变为道德世界,反映在政治理想上,则是将政治道德化。"①要达到这种道德境界首先要塑造有德之君和有德之臣。如能塑成有德之君,则可以实行"无为而治",如再能塑成有德之臣,则可以君臣

① 夏至前:《道德与政治之间——古典儒学的德治思想及其历史境遇》,《学海》2000 年第 4 期。

合道,天下太平。有德之君的政治任务是用道德教化百姓,以达到天下太平。而道德教化靠的是礼教。实际上,德治和礼治在古代是一致的,因为只要能够自觉地循礼而动,礼教就可以内化为人的内在德性。“礼之所从出者为天理,亦即所谓德;而德之彰著于外者即系礼。德与礼,本系一而非二。德系人性所固有,礼系德之所流行。”①依靠道德实行政治统治,并期望达到一种理想中的道德境界,这是一种发自内心的政治。这样的政治形式旨在从人的本性处加以熏陶,而不是从外在的关系上加以限制。这就否定了政治作为权力的存在,也决定了中国古代的政治观与西方社会的政治观根本不同。

从传统民本思想的发展、逻辑、基础和定位看,政治道德化是民本思想中所蕴含的一种鲜明特色,也是古代知识分子所努力的目标。基于对人性的信赖和对道德精神的信仰,古代政治一直向往道德,并时时受其牵制。从一国之君到满朝文武,再到庶民百姓,从政治的发端到朝代的更替,再到政事的决断,都是以德为本。要求君主和官员以身作则,实际上就是要求他们心怀百姓,以德治国。但后世的经验和教训已经告诉我们道德的功能并不能代替现实的政治体制和法律制度的建设。由于古代政治无法摆脱与道德的联系,便在实际操作中,将道德进一步内化并最终政治化了。刘泽华曾指出,儒家道德体系随着儒家成为国家的意识形态后就被置于了皇权控制之下,变成了皇权政

①　徐复观:《儒家政治思想的构造及其转进》,转引自李维武编:《中国人文精神之阐扬》,中国广播电视出版社 1996 年版,第 231 页。

治的组成部分和政治原则。① 传统民本思想作为一种政治思想，不仅有政治道德化的特征，也蕴含着利用道德与伦理功能夸大和加强政治制度，确保皇权统治有序运行的策略和目的。这就是道德的政治化：把道德“产生的社会功能和文化功能与政治联系起来，扩大和加强道德伦理的政治功能，来保证封建政治制度能够在一系列伦理原则的规范和调节下有序地运行”②。实际上，中国古代记载道德的文字最早就已经多见于一些政治场合。《礼记·谥法》载：“德象天地成帝，仁义所生称王。”在古代文献中，圣、王、公、君子都既是权势者，也是有德者，因而都具有道德与权威双兼的意味。学界普遍认为道德的政治化是在汉朝独尊儒术之后。我们研究民本思想在秦汉后的观点和思路，也很容易看出道德作为政治的基础，论证政治权威的合法性，而道德的权威和民本思想的道德外壳也都是政治所赋予的。

道德政治化的实现方式是通过修齐治平的一整套现实途径，把道德的目的政治化。在这里道德成了政治的工具，一方面论证政治统治的合法性，一方面维护政治统治秩序。比如古代常说的“忠”“孝”，本来只有孝，表示对祖宗、长辈的一种德性，后来慢慢迁移到国家政治层面的忠。据记载，忠在《殷周金文集成》中仅仅出现两次，也并不明确表示君臣之间关系，在《尚书》《伦理》《左传》等一系列春秋的文献中，忠成为一种普遍的

① 刘泽华：《中国政治思想史研究之思路》，《学术月刊》2008 年第 2 期。

② 陈力祥：《民本论》，华夏出版社 2013 年版，第 2—3 页。

道德观念,但是还是没有完全指代君臣之间的道德。到了战国后,忠臣一词开始频繁出现,尤其是《墨子》以及一些法家著作中,对忠臣的概念进行了辨析,对忠臣的义务做了大量概述。自汉武帝独尊儒术之后一直到清王朝的覆灭,仁义礼智信等道德规范都用于论证维护政治统治,也多作这方面的解读。实际上不难发现,民本思想中所包含的道德教化的政治思想,以及为君之道、为官之道,最重要的目的就是统治人的心智和思想,正如顾炎武所说:"以明心见性之空言,代修己治人之实学,股肱惰而万事荒,爪牙亡而四国乱,神州荡覆,宗社丘墟。"(《日知录》)

政治的道德化与道德的政治化结合在一起,是中国古代政治体系、文化规范的特征,也是民本思想政治思路的鲜明特征。这样功能混融的治理思想要发挥作用,势必也要借助一些其他手段,比如教育、法律和艺术。由于教育的部分我们在下一节贤能政治思路中会着重说到,这里简要谈谈道德型政治文化与法律和艺术的相互配合。在传统民本思想的政治思路当中,道德与刑法的配合主要表现在:刑法在实际政治过程中必不可少,但却不允许其有损于道德性政治的价值指向,也不能影响道德性政治的实际操作。也就是说,法律在道德型政治的实际操作中,虽然能帮助起到道德教化不能发挥的强制性作用,但其常常作为一种辅助手段发挥作用。而且很多法律规范通常直接从道德规范转化而来,二者不但不相互排斥,而且相互补充。道德所否定的行为,通常也是法律所反对的。除此之外,古代的文学艺术、审美观念等也基本依附于道德性政治。古代常常将"礼乐"

并称,将其称为相辅相成的混合体。古书载:“礼之敬文也,乐之中和也。”(《荀子·劝学》)“乐者天地之和也,礼者天地之序也。”(《礼记·乐记》)也就是说虽然二者在特性和功能上有差异,但也有共同的价值基础和功能目的。艺术如何配合道德行政治呢?主要在于艺术能够激发出一种蕴含着社会共同价值观念的审美感受。毫无疑问,这种共同价值观念的审美感受是和相应的伦理道德熔铸在一起的,于是通过激发个体的美感享受以维护社会秩序。建立道德型政治的最大障碍莫过于人的欲望,这也是宋明理学强调“存天理、灭人欲”的原因所在。人确实有向善的本能,但也确实有许多感性的情欲。情欲会破坏伦理道德及其所维护的统治秩序。但是依附于道德的艺术能够合理引导人的情欲,并使之成为循礼守义的动力。古代思想家早就发现了艺术在人的情感欲望方面的引导作用,因此提倡礼乐相互配合,一方面对人的快乐欲求予以合理化的满足,另一方面又注重将这种快乐的欲求引向至高之道,使人的情欲能够置于道德规范的控制之下。进一步地,“感动人之善心”,从而从艺术享受中获得一种道德动力,以此向外推及,从而达到己立而立人的目的。

传统民本思想的政治思路有鲜明的道德政治化和政治道德化特点。道德与政治密不可分的关系造就了中国政治以德治国、德主刑辅、礼乐结合等实践特色。而施行德政,以推行民本思想,则要求以“修身齐家治国平天下”为实践路径,修身为政以实现道德教化。修身为政,才能保证居高位者的德行,修身为政才能保证道德教化。因此如果没有了修身,没有了道德教化,传统民本思想的政治理想,也就是弘扬最高道德,实现天下基于大道之上的一统就实现不了。于是修身为政便成了沟通道德与现实政治的力量。

三、实践路径:修身为政

传统民本思想的鲜明特色,即道德型政治还体现在其实践路径上。传统民本思想的实践路径强调统治者和官员群体自身的品格是良好政治的决定条件。统治者和官员良好的道德品质——孝悌、忠恕、仁爱、义权、诚敬、正直诸道——的养成需要道德的修养。而民本思想的施行则讲究从自身修养功夫通向外在的治理之道。至于如何从修身走向为政,不同的思想家有不同的看法。如孔子讲究“己欲立而立人”“能近取譬”(《论语·雍也》)。孟子讲究“推”,即“举斯心加诸彼”“善推其所为”(《孟子·梁惠王上》)。正如“老吾老,以及人之老;幼吾幼,以及人之幼”,只要自己一心向善,人的德性就能被知道、被效仿,从而使我之德性推而广之。但大部分民本思想家最为认同的一种路径就是道德至高者居于高位,从而率先垂范,并利用手中的权力去推行最高道义。在这条路径当中,我们看到修身为政的实践路径不仅关注“治心”和“治身”,更关注从内向外的发散,由己及人的功德,由小及大、由近及远的推广,从一种道德角度的修身出发推及治天下的现实政治。

对于修身为政，首先要弄清楚的问题是道德修养是出于统治者真实的动机还是只是统治者为政的一种政治手段。孔子有言，“君子喻于义，小人喻于利”（《论语·里仁》），“君子之于天下也，无适也，无莫也，义之与比”（《论语·里仁》）。这说明君子的言行都从义而非利出发，仁义本应是君子言行的出发点和归宿。这样看来，修身理应出于统治者的真实道德动机，而天下太平就是这种真实的道德动机的外在效应。孟子也有类似看法，孟子由己及人的政治原则也是出于统治者本身的不忍人之心。这对于统治者而言是一份真实的感情，真实情感促成仁政意向。但正如韩非子所言：“务行仁义则可以王，是求人主之必及仲尼，而以世之凡民皆如列徒，此必不得之数也。”（《韩非子·五蠹》）孔子周游列国也没能实现寻找明君以支持自己主张的愿望，历朝历代也都有著名的无德之君、视江山社稷为玩笑的暴君。也就是说，明君仁主的出现受“时命”的限制，心怀救世情怀的仁人志士势必会考虑修身在实际的政治中发挥的作用，从而也认可从政治的角度出发去行修身之义，在以修身的效果反哺政治的做法。相对于前者，这后一种路径无疑是古代民本思想的实践中最常见的，也是相对规范化的一种路径。综上所述，传统民本思想实际包含两条实践：一是统治者和官员从真实的道德动机、不忍人之心出发，以自己至高的道德水平匹配自己身居的高位，从而自然而然达到治世太平的政治效果。这种思路正是我们之前说到的“内圣外王”。《中庸》中的“为政在人，取人以身，修身以道，修道以仁”“知所以修身，则知所以治人；知所以治人，则知所以治天下国家矣”，《大学》中的“格物、致知、诚意、正心、修身”而后“齐家、治国、平天下”说的都是这条思路。二是身居高位者并不完全符合“有道之君”的标准，从现实的考虑及其民本思想的推行上看要从教育上引导现实中的君主和官员以使他们完善自己的道德，并允许他们把道德、礼教作为一种统治的手段去推行。显然，这第二种思路是求取第一种思路不成，而退而求其次的做法。在这种路径当中，也要讲究修身，但是并不考虑是否处于道德真心，也就是说出于政治的考虑、统治的考虑也要求统治者施行仁义之政。大部分民本思想家出于对于民生的考虑，对以上这两种思路都持赞同态度。例如，管仲辅佐齐桓公争霸期间，齐桓公与诸侯会盟，不驾兵车，不带武器的做法被认为是仁义的；管仲辅佐齐桓公争霸诸侯，一匡天下，民众在其中受到了福利。这两件事中管仲和齐桓公都不是以道德和仁义为出发点，全是出于算计和争霸的考虑，但是被后世思想家称为仁义。这个例子已经能够证明传统民本思想家们也并不是把仁义、道德作为政治的唯一出发点，只要事件本身有利于人民利益，那么道德和仁义也被允许作为政治手段。首先，道德本身作为一种能够扩大君主威望和权力的手段，能够使君主心甘情愿去运用。其次，道德的推行能够限制君主权力的滥用，规范君主的为君之行，使民本思想更加顺利地推行。毫无疑问，道德和礼教作为政治手段能够实现君主和民众的双赢。如此，修身为政的这后一种思路实际比第一种思路更具有现实操作性。

如此,我们便知道“正人先正己”,并不全是出于道德的考虑,还出于政治的考虑;并不是全出于自身修身的考虑,还出于为政治人的考虑。只有统治者和官员能够修德在自身,才能率先垂范,实现天下太平。如果每个朝代的统治者和官员都能修身为政,君臣合道,那么就能实现孔子理想中的政治状态:“无为而治。”与惯常的理解有所出入的是,“无为而治”实际上最早出于《论语》。子曰:“无为而治者,其舜也与!夫何为哉?恭己正南面而已矣。”(《论语·卫灵公》)也就是说,无为而治就是一种“居其所而众星共之”的状态,而要达到这种状态,就是需要以最高道德感化民众。这里修身为政达到的“无为而治”明显是遵从内心,以心中的道德和仁爱感化民众,从而“修己以安百姓”的一种状态,不同于道家法自然而达到的那种由遵从规律而实现的自然而然的状态。修身为政的“无为而治”的状态显然内蕴几个基本观点。首先,虽然说是“无为而治”,实际上求的是“居其所而众星共之”的状态,也就是说还是认为需要有一个国家的管理者存在,这里的管理者无论指官府之一类还是指君主之一人,总之是与无政府主义相区分的。其次,“无为而治”要求统治者通过修身为政的途径,即通过居高位者的道德行径以向外推行,感化民众,从而上行下效,以使国泰民安。修身为本,为政在后,治己为本,治人在后。无论是谁,只要在其位,就必须以德服人,以德教化百姓,这是统治者和官员不能规避的义务。再次,不仅统治者,所有民众都有修身正己的可能性和必要性。统治者通过修身为政达到无为而治,已经说明这种道德的推行能够实行。这也就说明了，民众能够被感化，能够通过修身促成社会和谐的状态。民众和君主、官员在修身养德这个层面具有平等的地位。虽然民众身份卑贱，但是也具有修身的权利，而修身无疑是提升自己社会地位的一种途径。“人人皆可为尧舜”，每个人都能通过自己的道德修养不断更新与自拔，成为一个有德之君。而出身农门的民众在自拔与更新后，还可以通过官府的考试入朝为官，将自己的道德修养放大化。民众不仅有修身正己的可能，更有修身正己的义务。这在民本思想家看来是出于一个“人”的考虑，生而为人，顶天立地，都有修身正己、宣扬大道的义务，只不过这样的义务在针对不同层次的人时，严格程度有所不同。

行文至此，我们还要弄清楚修身为政这一实践途径是否是只讲人治，排斥制度建设的一种为政方式。毫无疑问，修身为政非常强调为政者的道德行径，讲究通过为政者修己身之道德，并向外推广，行教化之途径。这显然使民本思想的推行过分依赖统治者的道德。“文武之政，布在方策。其人存，则其政举；其人亡，则其政息。人道敏政，地道敏树。夫政也者，蒲卢也。故为政在人，取人以身，修身以道，修道以仁。”（《中庸》第二十章）“知所以修身，则知所以治人；知所以治人，则知所以治天下国家矣。”（《中庸》第二十章）《中庸》中这些语句已经点出了这条实践路径的人治特色，但是这并不是说传统民本思想只讲人治，疏于甚至排除制度建设和法律管理。上文我们已经说到道德与法律在传统民本思想的推行中实际上是相辅相成的。这里还要指出，修身为政的实践路径讲究人治不假，却并不排斥制度建设。正如萧公权先生所说："为政在人，非即谓为政不必有制"；"非以人治代替法治，乃寓人治于法治之中，二者如辅车之相依，如心身之共运。"①传统民本思想的实践路径也讲究政制的建设，不过这种政制的建设多依托在礼法之上。修身为政除了讲究以德治国还讲究以礼治国。"所谓'礼'，大而言之，乃中华文化的价值理想与典章制度之总和，是人禽之辨和宗教信仰的基础；小而言之，则是养成君子的修养功夫，是化民成俗的制度设计。"②中国古代民本思想的推行中很重要的一条就是主张依托各种典章制度实行礼让，以礼让维系人际关系，以礼让决定国家政事规范。因此，也可以说修身更多体现在对自己的要求上，是治己的功夫，是修身为政的第一步。而在为政这一步骤上，修身外显为礼法，礼法与道德一在内，一在外，相互配合。通过道德感化民众，通过舆论、典章、刑罚规范民众。对于礼法，孔子曾说："周鉴于二代，郁郁乎文哉！吾从周。""殷因于夏礼，所损益可知也；周因于殷礼，所损益可知也；其或继周者，虽百世可知也。"(《论语・八佾》)显然，这不仅在谈礼，也在谈政治。

修身为政，重在修己身之道德，但并不是只讲道德，不讲政制。《礼记・礼运》中的三段话能给我们以启发："故礼以道其志，乐以和其声，政以一其行，刑以防其奸。礼乐刑政，其极一

① 萧公权：《中国政治思想史》，商务印书馆2011年版，第78页。

② 刘强：《为政以德，善政在人——"四书通讲"之治平之道》(上)，《名作欣赏》2020年第4期。

也，所以同民心而出治道也。”“治世之音安以乐，其政和。乱世之音怨以怒，其政乖。亡国之音哀以思，其民困。声音之道与政通矣！”“是故审声以知音，审音以知乐，审乐以知政，而治道备矣！是故不知声者不可与言音，不知音者不可与言乐，知乐则几于礼矣！礼乐皆得谓之有德。德者，得也。”（《礼记·礼运》）显然，道德、礼教、乐治是一脉融涵、相互沟通的。

从历史定位看，传统民本思想不仅是对民众地位的强调，更是对君道与官道的规范。可以说，传统民本思想是通过界定民众地位要求规范君主与官吏的一种政治思想。而这一政治思想体现出来的政治路线则无论在政治运作还是政治理想上都有极其明显的道德化倾向，而它的现实实践也最终走向了道德的政治化。为政以德的根本途径在传统民本思想中则表现为通过有道德的贤能之士推行民本思想，并力图实现国家的政治理想。也就是说传统民本思想中蕴含着一条明确的贤能政治思路。

第二节　古代贤能政治的思路

从传统民本思想的历史定位和特征的分析中，我们看到贤能政治构成了皇权统治体制的基本原则，而这种贤能政治又与中国古代政治道德化的基本取向和理想蓝图分不开。贤能政治思路体现了中国古代民本思想家们的政治哲学和道德追求。

一、贤能政治思路的道德化色彩

在传统民本思想中强调道德对国家政治的重要作用,而这种作用要靠人去实践,政德要靠为政者去实践。上面我们谈到的民本思想的实践路径,即内圣外王、修身齐家治国平天下等理论也是将国家、天下与家庭和个人的联系基于为政者自身的道德以及道德教化。

民本思想的形成与确立是在氏族贵族政治日趋瓦解的春秋时期,几乎在同一时间,作为先古时期"上贤"思想总结与发展的贤能政治也作为一种社会政治的理想模式被提了出来。最先明确提出贤能政治思路的是孔子和墨子。孔子的民本思想就主张"天下之本在国,而国之根本又在于家",因此以家族伦理来维系社会秩序和道德秩序,再以道德秩序维系国家政治秩序就成了合情合理的推论。孔子"举贤才"的思想将道德完善理解成一种强有力的政治资源,这对后世的影响极为深刻。从第一章传统民本思想的发展阶段看来,道德修养与政治才能被后世许多民本思想家理解为同一的。虽然有些思想家同意并实践孔子的"天下有道则见,无道则隐"(《论语·泰伯》),但这不妨碍他们将道德修养与政治才能等同。墨子比孔子更进一步,他在提倡贤能政治的同时反对儒家"亲亲有术、尊贤有等"(《墨子·非儒下》)的等级划分,认为只要确有德才,都可以平等参与政治。因此,较之孔子,墨子对贤能之人的规定范围明显更为宽泛。他在《墨子・尚贤上》中提出“厚乎德行，辩乎言谈，博乎道术者”的人都可称贤。也就是说对他人实施教化、能言善道之人与道德完善的人都可纳入贤能的范围，都应得到朝廷的重用。对这些人都应“富之，贵之，敬之，誉之”。儒家自不必说，墨子的贤能范围最广，但他不但不反对道德完善的贤能标准，更是将其放在第一位，也可以窥见他对有德之士的推崇。

战国时期，各国争霸，实用人才的需求量直线上升。各流派对贤能人士的取之条件和任用范围也更加广泛了，并不局限于道德上。比如法家的政治主张之中，就更加讲究实用性和工具性。但不可否认的是道德标准依然占据主流。比如集儒法于一体的荀子就认为“曷为贤？明君臣，上能尊主下爱民。主诚听之，天下为一海内宾”(《荀子・成相》)。在这里，还是能够看出贤人政治的理想是“上能尊主下爱民”的臣道。

自秦汉开始，贤能政治正式被纳入皇权政治的统治思想当中。秦朝的灭亡使法家失去了角逐主流话语权的资格。而儒家的大一统观念、天道观念和纲常名教观念对皇权专制的论证促使汉武帝与董仲舒进行合作。“独尊儒术”的开始使贤能政治的道德色彩不减反增。需要指出的是，秦汉以后郡县制的统治形式使职业官僚，即“士人群体”兴起，这部分人正是诸子百家所说的贤能；而贤能政治经过百家争鸣的春秋与战国的发展也在秦汉之后呈现出各派合流的趋势；汉武帝独尊儒术又使儒家的实用主义占据了主导地位，如此政治与道德的紧密关系就在贤能政治思路及其贤能的使命中凸显出来。“在这个意义上说，贤人与儒士成为一个整体，儒者由经师、教育家和政治说教者一跃成为了封建统治的政客官僚了，并且使后者成为了儒学之士的专能和职业。”①汉武帝的文化专制又进一步促使儒学经义化发展，二者结合逐渐导致了政教合一的统治格局。由于在儒家看来，政治不仅是政治，更具备弘扬最高道德的任务，因此在政治与道德的进一步结合中，个人道德完善和忠君报国、弘扬最高道义也进一步相连。发端于春秋时期儒家的贤能政治原则也逐步过渡为皇权政治统治的基本规范。

在后世的发展中，贤能政治的基本精神大致随着儒学的政治化进一步呈现出鲜明的道德色彩，这一点尤其体现在隋唐以后科举制度所带来的教育与道德化、伦理化政治的结合中。说起古代的贤能政治，科举制度是不能不提及的，因为科举制度表现出一定的公平竞争特点，符合贤能政治的标准和理想。但当我们对此进一步考察时，就会发现科举制度在将教育与官吏选拔制度结合的进程中，通过将儒家经义作为教科书，将儒士作为官员基本来源，将儒学大家作为官学、私学的教师，将私学官方化的多种形式进一步加强了儒家的文化专制，也进一步强化了古代贤能政治的道德色彩。教育一直是古代政治的根本，因为虽然儒家肯定人性本善，但不能不承认教育是发现、保存、扩充、宣扬人本性之善的重要手段。“离开教育，忠孝仁义的伦理观念就不能渗透到人们的政治观念中，不能在现实的政治活动中

① 王亚楠：《中国官僚政治研究》，中国社会科学出版社 1981 年版，第 75 页。

指导、调节人们的行为。”①科举制度将儒家的道德精神和贤能政治思路贯彻到教育当中，使当时的教育主要呈现为一种伦理道德教育。朝廷通过各种手段对地方书院加以控制，将地方书院纳入到封建治理体系中，这就使中央及地方各级学校都属于朝廷政治机构。在学校内从事教学活动的教师则是帝王和各级官吏，教学内容则呈现单一性和道义性，主要就是儒学经义，考试内容在科举制度中则呈现四书五经化和八股化。这样的教育制度和官吏选拔制度培养出来的贤能之士，其政治作为自然多为道德所激发。宋代以后重道德轻才能的倾向越来越严重，致使官吏们“精神上的支柱为道德，管理方法则靠文牍”②。除此之外，科举制度还会培养出大量的候补官员和地方士绅，他们一部分是卸任成为乡绅的官员，一部分则是中举而没有成为官员的读书人。显然，他们虽处地方，也不做官，却与官方联系紧密，在当地通过家族、血缘和威信起着维护意识形态的作用。可以说，这部分人也是通过道德力量发挥其政治作用的，成为中国古代社会贤能政治得以社会化和结构化不可缺少的一环。

贤能政治与教育相结合服务于道德伦理性政治主要体现在两个方面：一是服务于统治者及其储君的道德化教育。统治者对于国家政治的地位非常关键，他们不仅意味着全国的道德典范，有着上行下效的重要作用，还占据着决定国家治乱的最高位

① 张富良：《中国传统伦理型政治文化的德化功能》，《黑龙江社会科学》2014 年第 6 期。

② ［美］黄仁宇：《万历十五年》，中华书局 1982 年版，第 51 页。

置。因此统治者的道德教育至关重要。中国古代的教育机构和内容大多围绕统治者和储君来设置。贤能政治对于教育的渗透毫无疑问在这里发挥着重要作用。孔子曾认为在政治统治上"不教而杀谓之虐,不戒视成谓之暴"(《论语·尧曰》)。也就是说他不赞成统治者只依赖强权,不重视教化,并认为这样只会造成政治关系的混乱。二是服务于被统治者,尤其是官员的道德教育作用。民众和官员都有各自的道德义务,官员要忠君爱民,民众要绝对服从君主、官员的统治。因此必须通过教育手段使纲常礼教和尊尊亲亲的道德原则深入他们的灵魂之中,使他们能够认同这些道德价值和行为规范。正如《礼记·学记》中所言:"君子如欲化民成俗,其必由学乎!"

中国古代贤能政治讲究道德与才能的等同,道德与权力的结合,因此贤能政治的政治原则只能在道德伦理的范围之内去求取。贤能政治所关注的无非是道德个体的政治参与与道德实现,并以此作为实现理想政治的途径。

二、从"为政在人"到为官民本

中国古代的贤能政治把政德看作影响国家兴亡的重大问题。《尚书》中就已经记载了"德惟治,否德乱"的主张。由于孔子在《论语·为政》中明确提出只有为政以德,才能实现"居其所而众星共之"的政治效果,以保证统治秩序,因此很多现有研究仅研究儒家为政以德的思想,并忽略了先秦诸子官德认知方面的趋同之处。

实际上，为政以德虽然是孔子首先明确提出，并被儒家发扬光大的。但为政以德的思想并不仅仅是儒家的思想，先秦诸家在官德认知，为政以德方面是有共同性的。他们对官德内容的归纳大同小异。法家由于其“君臣、父子皆为互市”的结论被很多研究者排除在民本思想和政德思想之外。实际上法家不仅有丰富的民本思想，其政德思想也相当丰富。如“修身洁白，而行公行正；居官无私，人臣之公义也”（《韩非子·饰邪》）。这一论述，正是阐述了为人臣子需要具备的道德素质。而在这种“修身洁白”“行公行正”“无私”“公义”的提倡中显然包含了一种对政德的要求。道家对儒家的伦理政治提出过严厉批评，并认为鸡犬相闻却老死不相往来的政治才是理想政治。但这一政治理想并不妨碍道家有其自己的政德标准。《老子·二十九章》和《老子·二十八章》指出“去甚、去奢、去泰”“知雄守雌”“为天下谿”等“常德”取向。这些取向显然和儒家清廉守节、勤谨为政有异曲同工之妙。墨家与儒家本是同宗同源，虽然其功利主义与儒家有差异，但政德思想方面却与儒家非常相似。墨家的政德思想一方面表现在“仁人之所以为事者，必兴天下之利，除去天下之害，以此为事者也”（《墨子·兼爱中》）；另一方面则表现在提出了古代官吏尚贤的标准，即“夫尚贤者，政之本也”（《墨子·尚贤上》）、“不党父兄，不偏富贵，不嬖颜色”“不辨贫富、贵贱、远迩、亲疏”（《墨子·尚贤中》）。由此可以看出无论是在政德的道德目的，还是官员的选拔标准方面，墨家都表现出了鲜明的"为政以德"特色。秦汉之后,"为政以德"的思想逐渐被统治者纳入官方统治思想的体系当中,并衍生发展出了成熟的官德标准和体系。1975 年湖北睡虎地出土了 51 枚秦简《为吏之道》,其中记载了秦朝政德状况和治世思路。经研究发现,《为吏之道》中的治世思路绝不是法家单一的思路,而是对先秦诸家学说的一种融会贯通。"'一断于法'的法家思想彰显""'谨己亲民'的儒家思想体现""'处柔防反'道家意蕴盎然""'除害兴利'的墨家思想装点",法儒道墨不再似先秦那样对立、抗衡。"《为吏之道》将先秦诸派政德伦理的文化共性统一并凸显出来"①。虽然这些还只是具体的官德规范,但其中显示出了"为政以德"的官德思想和治吏灵魂。《为吏之道》中已经表现出的文化共性在汉朝得到改善,儒家的官德思想逐渐成为唯一的官德显学。

上面我们都在说为政以德的政治思路,但道德对朝廷政治的重要作用,要靠人去实践,政德要靠为政者去实践。为政以德和为政在人是紧密联系在一起的,为政以德的根本途径是为政在人。因此政德的关键一环在于官德,官德是关系王朝兴亡的大问题。古代民本思想的定位本就是一种为君之道、为官之道,因此我们从古代民本思想中很容易导出古代的贤能政治思路。而这种贤能政治思路与我国当下的政治建设相联系,则突出表现在政德建设。虽然中国传统民本思想中体现出的道德型政治、贤能政治和现代民主政治并不完全相通,但始终强调政德的

① 郑文宝:《传统官德发展阶段界分及其与传统伦理发展异同》,《广西社会科学》2018 年第 8 期。

主导作用对当下政治建设是非要有益的，也是挖掘传统民本思想的一个重要思路。

古代政治思路的发展也是从对政德的阐述逐渐过渡到对官德的专门论述的。意思是说官德是从政德的相关论述和思路中独立并发展出来的，并不是说官德的思想直接取代了政德的思想，在官德独立发展并体系化乃至于成熟后，政德思想也一直保有自己的地位和职能。

先秦没有系统的官吏管理规范，在谈及的官吏道德要求中，常涉及的有公正、无私、廉洁等。秦朝的《为吏之道》相对系统地叙述了秦代文官必须遵守的道德行为规范："吏有五善：一曰中（忠）信敬上，二曰精（清）廉毋谤，三曰举事审当，四曰喜为善行，五曰龚（恭）敬多让"（《秦简·为吏之道》）。尽管《为吏之道》并没有将官德思想与官德行为规范区分开，但已经是专门的官德著述。如果说《春秋繁露》还主要是阐述君德的思想，那么《说苑》中已经具体开辟了相对直接的官德表述。汉代《说苑》将人臣分为"六正""六邪"：人臣分为"圣臣、良臣、忠臣、智臣、贞臣、直臣"六种正官和"具臣、谀臣、奸臣、谗臣、贼臣和亡国之臣"六种邪官。（《说苑·臣术》）虽然《说苑》已经是比较专门的官德著述，但是其论述还相对泛化、松散。这种情况在东汉已经有明显改观，东汉王符在其政论《潜夫论》中有明确的官德论述，马融的《忠经》是一本专门化的官德"理论"著作。《忠经》的内容不仅涉及忠臣义理、辩证体系，更涉及"忠"的必要性、可行性、操作方法，因此可以说《忠经》是总结和论证官德思想的一部体系化著作。汉朝的官德思想为后世官德的发展和塑造提供了理论样板和发展框架。唐朝的《臣轨》也是一部关于官德的专门而系统的著述。其2卷10篇中论述的官德标准有“至忠”“公正”“守道”“廉洁”“诚信”等。在《贞观政要》中也有《政体》《仁义》《忠义》《求谏》等诸多篇目,其中反复强调“正人正己”“仁义为治”“节俭修身”等为臣的德目。传统官德思想作为传统伦理政治的一部分随着理学的兴盛进入成熟期。这种成熟首先表现在官德著作的大量涌现,其次则表现在官德的理论也相对完善体系起来,最后还表现在官德的实际落实也达到了前朝未有之高度。首先,虽然宋朝以前就有官德著作出现,但像上面概括的,数量并不多见。宋代以前的官德著作大多散见于理论家的政见当中。宋朝直接论述官德的专门著作则大批量涌现,例如《官箴》《乞不用赃吏疏》《训俭示廉》。需要指出的是,这些著作不但阐述了君臣之间的政见讨论和伦理大义,更理论性地总结了以往官吏的历史事例和为官经验,并且很多思想家和政治家也都现身说法,陈述了自己的为官经验。其次,虽然宋朝以前就有对官德内容和道义的论证,但多见于阴阳五行说的借鉴与类比,其论证不仅不完美,且比较粗糙浅显。宋明理学的发展把儒家学说发展得更具有哲学思辨性,也更具有体系化的特点。有宋明理学的奠基,宋代儒官对官德的论证更具有哲理性和生命力。“君臣父子,天下之定理,无所逃于天地间”(《河南程氏遗书·卷五》)、“仁即此心也,此理也”(《陆九渊集》卷一)等都可见其哲理色彩。最后,官德的落实较之前朝也达到了未有之高度。我们之前已经说过中国古代自秦汉开始已经不是贵族社会，而是等级社会，钱穆将其称为流品社会。也就是说古代秦汉之后已经没有明显的阶级划分，古代政权也不是贵族政权，而是由来自于平民的士大夫群体组成的。因此，古代官德的具体落实和保障就体现在官吏的选拔和任用上。汉朝主要使用推举制度选拔人才，对门户有一定的倾斜。魏晋南北朝时期形成了一批大门第，官职通过恩荫获得的现象较为猖獗。隋唐开始采用科举制度，官德的落实和保障得见成效。但有学者指出，隋唐时期由于儒家在政治体系中的分量淡化，“至多15%做官的人才是通过科举制度擢升的”①。而宋朝则由于血缘和门阀制度为基础的社会结构有所松动，以及科举内容以儒家经义为主，大量出自民间的士人通过科举考试进入朝廷为官。与宋朝官吏选拔以科举考试为主不同，元朝官员的选拔则是从吏中擢拔。虽然元朝中期恢复了科举考试，但是悬科取士的人数微乎其微。这就造成一种现象，那就是相比宋朝官员的博学多识、理论功底深厚来说，元朝官员由于出身限制，其理论水平和知识修养普遍不高，但实际工作经验和个体官德体悟则较为丰富。这种特色非但没有影响元朝的官德著作的产出，反而在去除了理论赘证之后，使官德著作呈现出尽开花广结果更接地气的繁荣之态。元朝的官德名著有政治家张养浩著述的《三事忠告》，也有些名不见经传的小作者著述的《为政九要》和《言行龟鉴》。

① 陈瑛等:《中国古代道德生活史》，中国社会科学出版社 2012 年版，第 392 页。

官德理论的这种繁荣态势，在明清二代更为突出。明代有《宦游日记》《御制官箴》《从政录》等知名著作，清代则涌现出《康熙政要》《政学录》《御制人臣儆心录》《从政遗规》《图民录》等更多的官德著述。除了著述颇丰，科举制度也得到了一定发展。

综上所述，结合第一章民本思想的发展阶段可知，古代官德的发展历程基本和民本思想的发展历程同步。不得不说，古代官德的发展也无法离开传统民本思想去述说，因为古代民本思想的核心内容正是一种为君之道和为官之道。而在古代官德发展的历史梳理中，我们看到古代的官德规范有“至忠”“公正”“守道”“廉洁”“诚信”等，但这些具体的行为规范并不能概括古代官德的价值取向。古代官德的价值取向和古代君德的价值取向是一致的，都是一种民本旨归。

为官的核心之魂是以民为本。因此，我们可以说，古代民本思想应是官德建设的生命之所在。建设官德，树立民本理念至关重要。那么什么是民本理念呢？理念是真理性的观念。观念仍是一种观念、看法，相对中性。民本起先也是作为一种观念提出来的。经历先秦子学、两汉经学、魏晋玄学、宋明理学以及明清实学的发展，民本思想一步步得到印证，也一步步深入人心。因此可以说，民本理念是被历史经验证明的真理性观念。“民本理念指的是官员执政时要始终树立以民之利益为中心，以民之权益为宗旨的一种绝对真理性观念。”①对于民本思想，现代

① 陈力祥：《民本论》，华夏出版社 2013 年版，第 35 页。

许多学者都做了概括和解读，比如田广庆认为古代官德民本是“尚德治，倡仁政；得民心，顺民意；爱民；利民；取信于民”①。韦政通则认为中国古代民本思想大体有六个内涵，即民惟邦本、民意即天意、安民爱民、重视民意、民贵君轻、革命思想等②。陈力祥则将民本理念概括为重民、养民和亲民③。除此之外，还有池小华、薛丽、周传涛、褚凤娟等学者都对民本理念做出过概括。本书在参考前人的基础上，将古代的官德民本提炼为重民、爱民、利民和听政于民。由于后面要对这方面作详细阐述，这里不加论述。在这里，我们主要对为官民本的价值旨归展开说明。

为官民本主要代表了一种官员视民众为骨肉同胞的道德良知，从而开显为生民立命、立道的道德责任。为官以民为本，是民本思想的体现，也是官员道德良知的体现。孟子曰：“人之所不学而能者，其良能也；所不虑而知者，其良知也。”（《孟子·尽心下》）朱熹对此的解释是“良者，本然之善也”（《四书章句集注·孟子·尽心章句上》），王阳明也认为“良知不假外求”（《王阳明集·传习录上》）。也就是说良知是不需要学习的，是生下来就有的一种先验品德。良知的特点就决定了无论什么人都具备良知，官员当然也具备良知。但是并不是所有官员的良知都是外显的，因此必须“致良知”，启发官员的良知，让官员自

① 田广清：《和谐论——儒家文明与当代社会》，中国华侨出版社1998年版，第257—267页。

② 韦政通：《中国的智慧》，中国和平出版社1988年版，第31—32页。

③ 陈力祥：《民本论》，华夏出版社2013年版，第31—46页。

发认同民乃吾之同胞,从而自觉开显为生民立命、立道的道德责任。张载有两句话广为流传,这里我们引用这两句话来说明为官民本的道德良知和道德责任。一曰:“民吾同胞,物吾与也。”(《张载集·正蒙·乾称》)一曰:“为天地立心,为生民立道,为去圣继绝学,为万世开太平。”(《张载集·拾遗·近思录拾遗》)。第一句简称“民胞物与”,意思是普天之下的百姓均是我之同胞,每个人都要以同样的方式爱人爱同类。毫无疑问,这是一种洋溢着人文关怀、积极进取的人生观。其中,张载不仅指出了人与社会的关系,还指出了人与自然的关系。为官民本首先就要具备这样的道德良知,那就是普天之下的百姓均是我之同胞,没有等级贵贱之分。我是百姓中的一分子,百姓与我是同类。为官就是为百姓的官,要在将民视为自己同胞的基础上,行关怀爱护之事。将百姓视为同胞,视为平等的主体,才能进一步明白自己的身份,并开显民本意识和为官责任。第二句被称为“横渠四句”,点出了一个为官者的政治抱负和道德责任。为官首先要为生民立命,那就是满足广大民众的物质生活需要,让百姓吃饱穿暖。除此之外,还要为生民立道,也就是说民本并不是满足百姓的物质欲求就可以了,还要追求物质生活和精神生活的统一。官员的道德责任凸显在“为生民立道”,在此,也真正体现出为官民本的价值旨归。学界很多学者对古代民本思想的阐释都只是从物质欲求方面来解释,这实际上是一种误解。我们曾说过古代民本思想背后的天下一统观首先是道之一统,我们也说过古代国家观是一种文化国家观,朝廷的职能首先在于发扬最高道义。古代的政治特色是一种道德型政治，主张德政，认为道德治理出的百姓才能“有耻且格”。试问，这样的政治观念下对官德的要求能是仅仅追求百姓物质欲求的满足吗？官员只有把自己和百姓放在同等的位置上，视百姓为自己的同胞，并摆正自己官员的身份，开显官员为生民立命、为生民立道的道德责任，才能真正彰显出自己的民本意识，体现自己完善的道德人格和道德魅力。

三、作为角色道德的官德与政德

中国古代政治的道德性质决定了君主和官员都是道德的引领者，相应地，官德也成为社会的一种主体道德，官德水平的高低在很大程度上决定了政治的清明程度。那么作为社会主体道德的官德究竟是一种职业道德还是一种角色道德呢？挖掘民本思想中贤能政治思路价值，以规范当下政德建设的过程中，必须明确政德不是一种职业道德，而是一种角色道德。我们知道，中国古代秦汉以后是四民社会，士、农、工、商都是一种社会角色，承担着相应的社会职责。古代民本思想讲究各安其命、各尽其责，要求各种社会角色认真履行各自的职责和使命，扮演好各自的社会角色，这样才能够维护国家的安定、社会的和谐。在政治治理中，君主是朝廷政治的核心。只有君主履行自己的职责，做到以民为本，才能保证朝廷政权的有序运作。而我们也知道古代政权是士大夫群体组织的，士人群体可谓发挥政治治理的主导作用,体现了古代角色政治的本质要求。

为了论述方便,我们首先必须明确职业和角色、职业道德和角色道德的区分。职业产生于基于个人自然特性和专业划分的社会分工,有以职业养家糊口的主要功能。由于是基于个人自然特性和专业划分,很多人的职业选择是终生的事情。而角色则并不是单纯地产生于社会分工,而是由个人身份及其与社会的关系决定的。“角色是指作为社会对处于一定地位个体行为的期望系统,是在特定社会中形成的一定类型活动和相应行为规范、行为模式的统一体。”①这个定义虽然不太好理解,但从中至少可以获得两个信息,首先是角色并不是侧重于社会分工,而是侧重于人的身份和地位,而我们知道人的身份和地位会随着人社会境遇的变动发生变化,因此角色应该比职业更具有变动性;其次,角色是社会对个人行为的期望系统,其中明显包含了一种较高层次的道德要求。我们知道无论使古代官员还是现代的公职人员,都并不是来自于一种自然特性的社会分工,而是一种身份和地位的彰显,并且也并不是终身制,而是会随着一个人的意志、行为、境遇的变动而发生更换。因此我们说,相较于把古代官员、当下的公职人员作为一种职业,将其作为一种角色则更具有合理性。

对于职业道德,我们这里列举两个比较受认同的定义。职业道德“是从事一定职业的人们在其特定的工作或劳动中的行

① 秦启文等:《角色与品格》,安徽教育出版社2008年版,第1—2页。

为规范的总和”,“是对从事特定职业活动的人员需要具备胜任职业的精、气、神素质的要求”。[①] 可见,职业道德比较强调职业特色,具有群体特征,而且虽然是从事一定职业的人们的行为规范,但是范围的限定性和内容的稳定性并不能限制其形式上的多样性。而角色道德则“是人们在社会生活中充当某种角色时所必须遵循的行为准则,价值观念及其道德实践”,强调“特定岗位上的人需要具备吻合其岗位规范的个人地位与个人形象”。[②] 由此可见,角色道德与强调群体特征的职业道德有很大不同,它更强调一种社会关系中的身份和地位,突出的是某种社会角色在社会关系中的个体性和主观性。“其形式通过角色主体意志的自觉性、坚定性得以表达;其功能是促进担当着某角色的人自动、自发、自觉地与他人发生恰如其分的关系。”[③]如果说职业道德更强调特定职业所带来客观自在性、社会群体性和他律性,那么角色道德则更加强调主观自为性、个体性和自律性。从职业和角色的分别,从职业道德和角色道德的区别,可以看出,政治道德属于职业道德,但政德应该是一种角色道德,正如军事道德是职业道德,但军人道德则是角色道德。

如果将政德降低为一种职业道德,势必会引发一系列问题。

第一,会降低政德的主体性要求,并因此与其他社会道德发

① 罗国杰:《中国伦理学百科全书 · 职业伦理学卷》,吉林人民出版社 1993 年版,第 31 页。

② 魏英敏:《新伦理学教程》,北京大学出版社 1993 年版,第 522 页。

③ 王飞:《师德定位论:职业道德还是角色道德》,《教育理论与实践》2014 年第 2 期。

生混淆，从而降低政德的社会地位。总体而言，政德的要求是与其他公民道德所不同的，相对于其他公民道德而言，政德代表较高层次，体现较高要求的道德水平。人们一般拿公而忘私、无私奉献、毫不利己、专门利人等理想型道德形容政德，这其中尽管包含了人们对政德的一种期望，但更多地也表现出政德本身的超前性。也正是因此，古代民本思想中的设君之道要求君主是全天下的师长，拥有最高道德，为官之道则要求官员仁义礼智信，不仅对上忠诚，还要对下爱护。古代民本思想中所包含的为君之道和为官之道可谓用尽了中国传统文化中的那些提倡性、理想性、鼓励性的道德精神，并要求君主和官员对此身体力行。也正是因此，“我们在新民主主义革命时期，就已经坚持用共产主义思想体系指导整个工作；用共产主义道德约束共产党员和先进分子的言行”①。在改革开放和市场经济条件下，也要求党员干部“高度重视、身体力行共产主义思想和共产主义道德”②。显然，政德作为角色道德是具有鲜明先进性和理想性的，但如果将其降低为一种角色道德，无疑会降低这种先进性和理想性，仅仅将政德等同于普通民众在某种职业中所发挥的道德水平，并将职业道德作为一种不能严守高标准的道德规范的托词。如：职业对于人来说更多地表现为一种自然分流现象及提供生活主要经济来源的选择。干活吃饭、赚钱养家是一个人从事某种职业的主要动机。而如果将政德从角色道德降低为职业道德，是

① 《邓小平文选》第二卷，人民出版社 1994 年版，第 367 页。
② 《邓小平文选》第二卷，人民出版社 1994 年版，第 367 页。

不是就意味着当官只是一种谋生的手段呢？如果当官只是一种谋生的手段,那么毫无疑问是做不好官的,它们将自己的角色和身份视为一种职业,就会产生机械保守,唯命是从,不求有功,但求无过,主体缺失,甚至迷失自我的现象。我们在第二章中分析古代民本思想的经济背景时,指出过古代的士大夫群体入朝为官是不允许办私产的,其他三民可以经营私产养家糊口,但是唯独士大夫群体职责所在只为公,只为百姓办事,拿朝廷俸禄,严禁经营私产。这种限制一方面保证了官员一心向公的角色高度和道德高度,一方面保证了这整个群体的纯洁无私。这一点是我们当下政德建设应参考的。

第二,会模糊官员、公职人员的角色意识,造成角色失真,并造成角色迁移不当,引发特权问题。角色意识至关重要,是形成某角色的言行举止、权利义务、地位和作用观念甚至角色评价的前提。有正确的角色意识,才能明确自己所属角色的正确职权、义务、责任,并从中产生自我认可、自我评价和自豪感、自信心。从恰当的角色意识出发去从事自己的职责,才会使自己所担当的角色获得成功,从错误的角色意识出发,只会给自己所担当的角色抹黑。传统民本思想强调的君道、官道、君臣合道等,就是要求君应该像君,臣应该像臣,君臣只有做到各安其分、各守其责,才能使天下有道。这实际上就是一种建立在角色意识的自觉的基础上的道德型政治。如果把政德视为职业道德,就会弱化和模糊角色道德,形成角色差距,造成角色冲突。在当下,角色冲突主要表现在作为社会角色的公务员与自己所担任的第二职业之间的冲突。官员角色的失真是政德衰败的开始。角色失真还表现在角色的不当迁移上，在特定场合角色是一定的，在政治环境中，公务员的角色决定了其作为“××长”享有“××长”的职权，而这种职权是为了更好地为人民服务。但是离开了政治环境，“××长”的角色就应该自行消解而被其他角色取代，比如在家庭中可能是被丈夫的角色取代，在商场可能是被顾客的角色取代，在剧场可能是被观众的角色取代，在孩子的学校则是被家长的角色取代。如果在后面叙述的这些场合，不当迁移其角色，势必造成特权现象和社会资源分配不均的现象的产生，使民众赋予的职权成为个人谋取私利的手段。

尽管公职人员作为社会角色不是一种单一的存在，其角色具有丰富性和关联性，但一个公职人员自己角色的底线则是为人民服务，只有明确了其角色底线才能更加清晰、准确地把握其角色道德的多元化要义。公职人员的角色底线实际上也是这一角色的责任的体现。和医生、教师、军人等角色具有相应的角色责任一样，公职人员也具有自己的角色责任，正是为人民服务。各种社会角色通过对社会责任的分担完成对社会责任的分解。公职人员除了要具备角色责任之外，还应具备角色技能。在说道德性政治的时候，我们曾说过古代贤能政治的才与德是一致的，甚至就将道德等同于才能。在今天的政德建设中，我们也应注重才德的统一，决不能让有才无德的人占据官位。但是当下社会分工的发达程度决定了我们党员干部的选拔不能完全和古代一样就将道德等同于才能，而是要在相对分散和宽松的二者关系中实现二者的统一，有些岗位对某些特殊才能的要求必须纳入考虑的范围之内。最后还必须指明的是，一个党员干部除了担当领导干部的角色之外，势必还有其他角色担当，那么在角色发生冲突之时，应该明白其代表的是全体人民的利益，这种利益是高于个体利益的。因此必须以两利相权取其大的原则保全自己的角色道德。

在社会治理的过程中，社会主体各自扮演不同的社会角色，承担相应的社会责任。只有明确了政德是作为一种道德存在，才能厘清和协调角色权责关系，充分调动主体积极性和创造性，以保证公平正义更好地彰显。当前我国处于发展的重要战略机遇期，但是同时又处于社会冲突和矛盾多发和频发期，由于错综复杂的利益冲突、价值冲突，我国当下的社会公平公正问题、角色定位不明晰问题、权责相背离问题、角色冲突问题日益加剧，而个体意识的过度张扬又加剧了社会治理的不确定因素。只有各个社会角色能够明确职权范围，各司其职、各负其责、各尽其能，相互协调，才能使上述问题得以解决。

第三节　古代士人群体的道德精神

孔子曾就官员的榜样、表率作用指出“君子之德风，小人之德草，草上之风，必偃”（《论语·颜渊》）。说到官员的榜样、表率作用，自然要说到他们的道德精神。本节主要梳理传统官德的大致范围，传统官德内容相当丰富且历朝历代都有自己的标准。本节将依据史料简要梳理历朝历代的官员道德内容，并在此基础上兼顾本书民本思想的主题和当代政德建设的宗旨，选取仁爱、尚义、弘毅、重行、清廉、谨慎六个内容详细叙述。

先秦时期，各家对“为政以德”的道德内容的看法大致相同，基本都认同公正、洁白、清廉、兴天下利等为官德的基本内容。如“修身洁白，而行公行正；居官无私，人臣之公义也”（《韩非子·饰邪》），“去甚、去奢、去泰”（《老子·二十九章》），“仁人之所以为事者，必兴天下之利，除去天下之害，以此为事者也”（《墨子·兼爱中》）。据秦简《为吏之道》记载，秦朝所认同的官德应是：“一曰中（忠）信敬上，二曰精（清）廉毋谤，三曰举事审当，四曰喜为善行，五曰龚（恭）敬多让。”（《秦简·为吏之道》）汉朝刘向在《说苑·臣术》中提出了著名的官德：：“人臣之术，顺从而复命，无所敢专，义不苟合，位不苟尊；必有益于国，必有补于君，故其身尊而子孙保之。”（《说苑·臣术》）东汉的官德特别讲究忠信和仁厚。东汉王符在《潜夫论》中有明确的官德论述：“遭良吏，则怀忠信而履仁厚；遇恶吏，则怀奸邪而行浅薄。忠厚积则臻致太平，浅薄积而致危亡。”（《潜夫论·德化》）除此之外，马融还专门效仿《孝经》作《忠经》，对“忠”的必要性、可行性和操作方法予以论述。魏晋南北朝时期也有大量著作对官德做过论述，基本就提倡公正、礼让、“忠贞平直，温和恭敬，廉洁谨慎”（《北齐书·张耀传》）等。唐朝武则天撰写《臣轨》对“至忠”“公正”“守道”“廉洁”“诚信”等官德作了大量论述。宋朝则对忠、顺、勤、勉等官德理念作了系统化、哲理化的论证。传统官德发展到元明清时期已经臻至成熟完善，前朝所论及的官德不仅在理论层面有所论述，在实践层面也对应了相应的具体措施。由于本书篇幅有限，并需要兼顾本书民本思想的主题和当代政德建设的宗旨，所以无法面面俱到，也无须面面俱到，在此选取以下六个层面的传统官德详细论述，以作为当代政德建设的借鉴与资源。

一、仁爱

说到古代的道德性政治，说到古代的贤能政治，说到传统民本思想，说到古代士大夫群体的道德精神，说到中华优秀传统文化以及古代道德文化美德，仁爱是不能不被提及的标志性道德精神。本书对仁爱的梳理主要着重于两个方面，即其作为官德是一种什么样的存在，其对于古代民本思想又意味着什么？

什么是仁？古人对仁有许多解释，但不能不提及的却是孟子的言论：“仁，人心也；义，人路也；舍其路而弗由，放其心而不知求，哀哉！人有鸡犬放，则知求之；有放心而不知求。学问之道无他，求其放心而已矣。”（《孟子·告子上》）孟子认为仁就是人内心的一股善心，这股善心从小处说决定了个人的道德修养和人生层次，往大处说决定了苍生保暖，天下太平。人生、天下俱系于一个人、一个群体、天下所有人的本心。从这里我们就能够看出仁爱在中国传统道德美德中的地位，从一个仁字，我们竟能够发现中国古代道德精神的精妙所在。仁是人的善心,是天赋的,与生俱来的,因此是人人都具有的。从此处发散出去就能得到两层含义,首先仁是人的本质性规定,是区分于动物的本质性所在。正如孟子所说:“无恻隐之心,非人也;无羞恶之心,非人也;无辞让之心,非人也;无是非之心,非人也。恻隐之心,仁之端也;羞恶之心,义之端也;辞让之心,礼之端也;是非之心,智之端也。人之有是四端也,犹其有四体也。”(《孟子·公孙丑上》)其次,既然仁是人人所具有的,那么每个人都有修善的可能,人人皆能成尧舜。以此公平的道德态度就能鼓励每个人日日学习,往道德之善的路上去走,由此发散道德,达到理想的道德境界。而我国古代对大善大德之人是非常敬重的,即使这部分人没有显赫功业,在历史上也占据一席之地。这种尊重态度无疑也是一种对道德的鼓励。

知道了仁是一种善心还不行,还要知道这种善心的表现是什么。只有知道了善心的表现,才能明白为什么仁爱能沟通个人修养与天下太平。仁心的表现便是爱人。“仁者,不忍也,施生爱人也。”(《白虎通义·情性》)也就是说由于人有不忍人之心,因此可生发出对人的爱来。官员也正是由于这种不忍人之心,才会生发出对民众的爱。究其二者之间的关系,仁心是本源,仁心生发出爱人之心、爱人之举。也就是说仁是爱的原动力。朱熹对此解释说:“仁是根,爱是苗。”(《朱子语类》卷二〇)仁是爱产生的根基和前提,爱是仁产生的结果。仁与爱之间的因果关系决定了二者相须不离。这实际上就是孔子说的

“仁者爱人”。值得注意的是，爱人实际包含爱己，先要懂得爱己才能爱人。因为仁本是人的一种内心的道德情感，这种情感是相对于人的血肉之躯来说的。也就是说仁成就了人作为人的精神世界，使人成为人，成为天下大道的践行者。因为人如此，因为仁成就人，理解了这一道理的人势必首先顺应天下大道，成就自己的仁爱之心。这本源处就是对天下大道的接受，也就是对自己的接受，对仁爱的成就和践行就是首先接受拥有仁爱之心的自己，并成全自己的仁爱之心。所以仁爱首先是爱自己，成全自己的爱人之心，然后去爱别人。古代哲学家扬雄就对自爱和爱人的问题谈及了自己的看法。他说：“人必其自爱也，然后人爱诸；人必其自敬也，然后人敬诸。自爱，仁之至也；自敬，礼之至也。未有不自爱，敬而仁爱、敬之者也。”（扬雄：《法言・君子》）爱己，然后爱人，并将这种仁爱之心扩充，就能形成一种大爱与博爱，并因此成就民本。韩愈曰：“博爱之谓仁，行而宜之之谓义”（《韩昌黎集・原道》）。朱熹曰：“仁是根，恻隐是萌芽。亲亲，仁民，爱物，便是推广到枝叶处。”（《朱子语类》卷六）人之仁心是根，有仁心因此有恻隐，在此基础上就会去爱亲人，爱大众，甚至爱万物，以此成就一种博爱。而这种博爱就是践行民本的根本途径，也是实现天下大道的根本途径。这和张载民胞物与的思想有异曲同工之妙。张载认为人人都是平等的，人与其他万物并无本质区别。因此他要求人们爱他人要像爱自己的同胞手足一样，并把这种爱延伸至万事万物。民本就是人的仁爱之心开花结果使然。民本思想的彰显，从某种意义上说，也即官员之仁德外显。“为官民本,关键在于官员要常怀仁德之心,将民看做自己的同胞,看做成自己的手足,对民普施大爱,最终达到民胞物与的道德境界。”①说到这里,就不得不谈及两个问题,那就是如何才能做到仁爱,并达到民胞物与的境界?达到仁爱境界有何效应?首先如何才能做到仁爱呢?孔子与弟子探究仁爱之道时候阐述了三条标准。子贡曰:“如有博施于民而能济众,何如?可谓仁乎?”子曰:“何事于仁!必也圣乎!尧舜其犹病诸!夫仁者,己欲立而立人,己欲达而达人。能近取譬,可谓仁之方也已。”(《论语·雍也》)“己欲立而立人,己欲达而达人”正是成就仁爱的第一个标准,也是为官民本必须要做到的一条。第二条则出自“出门如见大宾,使民如承大祭。己所不欲,勿施于人。在邦无怨,在家无怨”。仲弓曰:“雍虽不敏,请事斯语矣。”(《论语·颜渊》)“己所不欲,勿施于人”正是成就仁爱的第二条标准,也是为官民本的底线。为官,就是为民服务,不能光顾自己,因此既要“己欲立而立人,己欲达而达人”,又要“己所不欲,勿施于人”。最后一条标准是在任何情况下,都不能舍弃仁义,只有行大仁,才能有民胞物与的大境界。子曰:“志士仁人,无求生以害仁,有杀身以成仁。”(《论语·卫灵公》)可见在古代士大夫的理想道德层面,仁是比人的生命更加重要的道德品质和道德情操。与之类似,刘向也有一段话:“夫仁者,必恕然后行,行一不义,杀一无罪,虽以得高官大位,仁者

① 陈力祥:《民本论》,华夏出版社 2013 年版,第 107 页。

不为也。夫大仁者,爱近以及远,及其有所不谐,则亏小仁以就大仁。大仁者,恩及四海;小仁者,止于妻子。”(《说苑·贵德》)真的仁者不会因为有利于自己的仕途而不去行义,在大仁和小仁的选择中必舍弃小仁,成就大仁。为官民本,就是要为了天下民众的幸福,舍弃自己及其小家。也只有发挥大仁义,才能成就民胞物与的大境界。那么施行仁道又会有什么效应呢?这还是要回到古代修齐治平的思路及其中国人对不朽的看法上。只有推行仁心,才能广施博爱,只有广施博爱,才能一推二,二推三,才能以此类推,实现仁爱之心的发散与弘扬,也才能实现天下太平。那么是不是施行仁爱仅对别人有好处,于己一无是处呢?也并非如此,前面就说过中国人很推崇大德大仁之士。中国人讲究的不朽也并不是死后进天堂,而是一种活在人心中的不朽。“仁者爱人,有礼者敬人,爱人者,人恒爱之;敬人者,人恒敬之。”(《孟子·离娄章句下》)也就是说中国文化特别讲究人与人之间的关系,古有人文化成的说法,正是在于这种人与人之间的关系,以此才能化成文化。你爱我,我自然会爱你,你敬我,我也会去敬你。以此就成就彼此。为官为民服务,施行的是大爱,会有很多百姓追随他,铭记他,纪念他。如此在弘扬道义的同时,也完成了一个人的不朽之事业。

以仁为本,体恤百姓,视民如胞,才能贯彻民本。仁者爱人的精神令人感动,当代政德的建构,更要激发党员干部的仁爱之心。

二、尚义

孟子曾说，“仁，人心也；义，人路也”（《孟子·告子上》），也就是说人人皆有仁爱之心，而作为有仁爱之心之人势必会走一条正义之路。“义”原本是一个会意字，意为由于礼仪之需，人佩戴羊形头冠。后经由这种礼仪之需所引申的善和美，发展为三个含义，即道义、适宜和人之动机。这三个含义初看起来好像相去甚远，实际不然，三者同出一源，有很大的相关性。义就是出自人内心道德，是由人内心的情感所决定的那条正确或者说适宜的道路。而这条人心之动机又沟通天理，是出自天下大道本然。这样解释，就不难理解为何以有道义、适宜和人之动机三个含义。王夫之曾说：“义者，天理之所宜。”（《船山全书》第七册卷八）这将义最终归结为天理，也就为人行正义奠定了天理层面的哲学依据，也就为官员实行民本奠定了基础。

既然“义”是人内心世界对道德正义的彰显，是来自于人世间最高道德的立人之理，那么我们就能从中延伸出两个观点：1. 为官正义是官员内心道德的外显。孔子曰：“君子之仕也，行其义也。”（《论语·微子》）这是说官员只要按照自己的良知行事，就会去行正义之举。作为一名官员，要实现民本，正义是必备要素，而要使官员行事正义，必须首先敦促官员良知外显，以正义催生民本。2. 义能够来明辨事理，协调人的仁爱之心，是官员在限度内处理事情。义作为人内心道德的外显，也反映了事物的基本原则。这种事物的基本原则能够使官员对利益的获取建立在合理的标准上。“义者，艺之分，仁之节也。协于艺，讲于仁，得之者强”（《礼记·礼运》）。也就是说义是一种协调的标准，能够区分技艺，能够调度仁爱。那么为什么义是一种协调的标准呢？首先就在于其来自于天理，其次就在于正义与否就是区分之标准。而能够用义来协调事理，明辨仁爱的人便是人们所敬畏的强者。这就要求官员在道义的基础上处理事情，做到仁爱有度，取之有道，这才能将事情处理得恰到好处，才能够真正实现民本。

义利之争一直是中国古代哲学的核心问题之一。“先秦以降，中国哲学史上的‘义利之辨’、‘理欲之争’从未停止过。”①在中国哲学史上，义与利经常作为一个对子出现，甚至还有“天下之事，惟义利而已”（《二程集·河南程氏遗书》卷一〇）的说法。但义与利并非完全对立，因为即使孔子有“君子喻于义，小人喻于利”（《论语·里仁》）的说法，但即使是圣人也做不到不谈利益。二程就曾说过：“圣人之利，不能全不较论，但不至妨义尔。乃若惟利是辨，则忘义矣，故罕言。”（《二程集·程氏外书》卷一〇）既然做不到不谈利益，而且义的本意本就是一种标准，因此义利之辨并不是要将二者对立起来，而是要实现以义取利，使利益的获得符合道义的标准。对于二者关系，首先是必须以义取利。《左传·成公十六年》记载“义以建利”，也就

① 陈力祥：《王船山义利观辩证》，《江淮论坛》2006年第6期。

是说义本来就是用来取得利益的一种标准,义为获得利益标准,是义之本。我们常说物质生活的利益是对于人,对于人类社会第一性的东西,但是中国古代的传统精神却认为它在一定程度上是第二性的,因为获取物质利益必须建立在符合道义的基础之上,否则取之无道是谓罪。其次,利的获得会对道义的施行起到推动作用。人既是有理性的存在者又都是欲望动物,如果只言大道不言幸福,只言道义不谈利益,鲜有人会真的得道成圣。因此,幸福和大道本不可分开,利益和道义也是紧密结合在一起的。利益的存在和获得是万事万物各得其宜、相互协调的一个条件。《周易》曰:"利者,义之和也。"(《周易·乾·文言》)有道义的存在,必然就有利益的存在,二者相互应和,才成全了彼此。为官民本就是要为民谋利,这种谋利首先在发端处就是符合道义的,其次还要注意在获利的途径上也要符合道义,这样才能真正做到取之有道,义以建利。建立在道义基础之上的为民谋利,才是真正的民本。这样的民本,虽然讲求利益,但是利益的获得是符合道义的。正所谓"义然后取,人不厌其取"(《论语·宪问》)。这样的为官之道是站立在人民立场上,为人民谋利益,这彰显了为官者道德素养的高超性。

官员的尚义精神要求义以建利,以义取利不是为了自己,也不是为了亲近自己的少数人,是为了天下苍生,是为了使广大民众得到利益和幸福。作为官员,以民为本,是人间正道的正义体现。欲实现民本,就要求官员讲求公平和正义,就要求官员能够舍小义存大义,就要求官员以道义益天下百姓。"为官民本,要以正义为前提，在合乎道义的基础上，努力提升普天之下人的幸福指数，做到惠民天下，如此方能实现以民为本，以益天下。”①

三、弘毅

弘毅意为抱负远大、意志坚强。顾名思义，这是两种品质，但二者又须臾不可分离。合在一起，才能概括古代士人群体的高尚道德品质。远大的志向是古代士人群体精神上的支柱，坚定远大志向，坚守精神追求是一个士安身立命的根本。古代许多仁人志士为天下苍生勇于直谏，不惜身家性命，支撑他们的就是愿天下太平、苍生保暖的精神力量。这也是仁人志士前赴后继、百折不回的追求，更是他们敢为人先、搏击潮头的干劲。

弘毅首先意味着一个人的远大志向以及为理想不断求取的进取精神。“志之所趋，无远勿届，穷山距海，不能限也。志之所向，无坚不入，锐兵精甲，不能御也。”（金缨《格言联璧·学问》）也就是说，人若志存高远，则无不可实现之目标，纵然山海尽头，亦不能阻止其追求理想的步伐；人若志存高远，则无攻不破的壁垒，即使是精兵坚甲，也无法抵御他的坚定信念。当然，确定一个长远目标，就不能指望一步达成，还需循序渐进，不懈进取奋斗。因此弘毅虽然讲究树立远大目标，但其中还包含着远大目标激励之下的进取和奋斗。远大志向对一个人、一个官

① 陈力祥：《民本论》，华夏出版社 2013 年版，第 135 页。

员的重要性，有很多古训都曾提及。比如《左传》所言："志以发言，言以出信，信以立志，参以定之。"苏轼也曾说："古之立大事者，不惟有超世之才，亦必有坚忍不拔之志。"明成祖朱棣也说："人须立志，志立则功成。天下古今之人，未有无志而建功成事者。"如果志向坚定，就能为了志向不断奋斗，就会越挫越勇。

弘毅其次意味着意志坚强、坚韧执着。郑板桥曾作《竹石》："咬定青山不放松，立根原在破岩中。千磨万击还坚韧，任尔东西南北风。"（郑燮《竹石》）经过无数次磨难，岩竹变得越发坚忍不拔，任凭狂风肆虐也不动摇。其中有无所畏惧，有坚忍不拔，还有潇洒俊逸，积极乐观。诗如其人，郑板桥为官、为人、为事都彰显了岩竹坚忍执着的品格。也正是具备了这样的品格，他才有"衙斋卧听萧萧竹，疑似民间疾苦声"的悯民情怀，保持"乌纱掷去不为官"的人格气质，修炼出"任尔东西南北风"的坚韧风骨。自强自尊、坚忍不拔、不屈不挠正是中华民族最宝贵的民族特性。古代仁人志士的这种精神在今天尤其应该被继承和发扬。因为越是接近理想，越是会遇到艰难险阻，越是需要担当和作为。

弘毅还意味着自强不息、厚德载物。如果说有一句话最能体现中华民族深沉的精神追求和坚毅的个性品质，那一定是《周易》中的"天行健，君子以自强不息，地势坤，君子以厚德载物"。天之运行，四时交替，昼夜更迭，岁岁年年没有止境，无忧差错，君子当效法天道之健，以自强不息，也应效法坤地之厚德，容载万物。1941 年梁启超到清华大学演讲，即以"天行健，君子以自强不息”，“地势坤，君子以厚德载物”激励学生努力成为“真君子”。他指出：“君子自励，犹天之运行不息，不得一曝十寒。不应见利而进，知难而退，而应摒私欲尚果毅，见义勇为，不避艰险，自强不息；同时，君子接物，应度量宽厚，犹大地之博，无所不载。责己严，责人轻，有容人之量。以博大之襟怀，吸收新文明，改良我社会，促进我政治，担负起历史重任。”①顺天而动，法地而行，那么人就也应该刚毅坚卓，力求进步。为人如此，为君子、为官更应如此。

四、重行

传统官德的另一个重要方面就是重行，即为官民本要体现在多做实事上。早在周代，重行就已经被总结为成事的经验和官员的道德精神。《尚书》中曾记载周代史事，周成王灭了淮夷，回到王都丰邑，和群臣一起总结周王朝成就王业的经验，并向群臣说明设官用人的法则。他在告诫大夫以上的官员时说：“戒尔卿士，功崇惟志，业广惟勤，惟克果断，乃罔后艰。……”（《尚书·周书·周官》）也就是说劝诫官员要忠于职守，取得伟大的功绩，在于志向远大，工作勤奋。

重行的前提仍是仁爱。朱熹曾说：“善在那里，自家却去行他。行之久，则与自家为一；为一，则得之在我。未能行，善自

---

① 转引自《习近平用典》，人民日报出版社2015年版，第240页。

善，我自我。”（《朱子语类》卷一三）言下之意，仁爱之心自在那里，如果不去行善，那股仁爱是永远不能外显的，也不能真正与自己达到统一。只有真正落实到行动上，才能成就自己的仁爱之心，也才能变成一个仁爱之人。落实到官员身上，就是民本的原则就在那里，尽管有仁爱之心，不去做也不能成为一个为民办事的好官。只有把对民的仁爱之心落实到行动上，才能凸显自己的德性，使自己真正成为一个有德之官。“道德者，行也，而非言也”（《新民说·论私德》）说的就是这个道理。

重行要讲究耻言过行。古代关于“行高于言”的记载很多。扬雄曰：“学行之，上也；言之，次也。”（《法言·学行》）“动人以行，不烦虚语”（《李觏集》卷二七），也就是说行动比言语层次高，打动人，应从做实事出发。为官者为民办事也要一言九鼎，言出必行，这才能体现民本。再如“君子耻其言而过其行”（《论语·宪问》），“能言不能行，君子耻之”（《盐铁论·能言》）。也就是说，为官者光说大话，不办实事，是可耻的。为官者的道德素养主要体现在言行上，但言行必须一致，一言九鼎，说到做到，否则会贻害无穷。再如“言而不行，自欺孰甚焉？”（《二程集·河南程氏粹言》），这意味着，言而不行，表面欺骗的是百姓，实际在自欺欺人。“耻其言而过其行”是官员道德素养的体现，也体现了为官民本的道德意蕴。

重行是在远大理想引导之下的勤勤恳恳。有志向才能有行动，志向是行动的指引，志向又要靠行动去完成。而这种完成志向的行动又要讲究方法和智慧，讲究天时地利人和，但最基本的是讲究从小事做起，一点一滴积累。春秋时期，道家学派创始人老子根据事物的发展规律提出慎终如始的主张。“合抱之木，生于毫末；九层之台，起于累土；千里之行，始于足下。”（《老子·六十四章》）老子实际上是描述了大事都是由小事逐渐发展演变而来的自然规律，他由此得出君子顺应规律，就能立于不败之地的见解。老子的思想对儒家的荀子产生影响。在《荀子·劝学》中提出了“积土成山”“积水成渊”“不积跬步，无以至千里；不积小流，无以成江海”等观点。可见，荀子虽然借用了老子的观点，但与老子顺其自然的态度完全不同，他主张“锲而不舍，金石可镂”的积极进取的态度。相同的前提得出了不同的结论。但这两者都对古代官德精神有重大影响。自然规律说明大事都由小事逐渐发展而来，官员要做成大事，也要遵循这一道理，从小处积累。一为顺应自然，二为积极进取。只有顺应自然规律基础上的积极进取才能一步一步实现自己的远大志向。

重行要讲究行动智慧。君子重于行，古人特别讲究行动智慧，以争取事半功倍。这里我们总结了三个行动智慧并依次说明：1. 顺应规律。上面提出老子主张无为，但并不是让人们无所作为，而是要顺应规律去做。“图难于其易，为大于其细。天下难事，必作于易；天下大事，必作于细。”（《老子·六十三章》）既然大事都由小事逐渐发展而来，那么我们就应该顺应规律，在谋求难题的解决时，将难题分解，在谋求大事的解决时，从小处着手。圣人“终不为大”，就是为了“能成其大”，以无为求得无不为。2. 有备无患，抓住时机。商王武丁的大臣对武丁进谏说：

“虑善以动，动惟厥时。有其善，丧厥善；矜其能，丧厥功。惟事事乃其有备，有备无患。”（《尚书·说命》）意思是说凡是要考虑好再行动，行动时还要抓住时机。事事有所准备，才能避免祸患。《尚书·泰誓》也说：“时哉弗可失！”王安石在《尚书新义》中重新阐释了“虑善以动，动惟厥时”，并主张：“能动，审于时宜。”这就是说有什么行动，取决于有什么样的时机，只有抓住时机往前推进，才能成事。3. 合理利用众智众能。“…夫人君不出户，以知天下者，因物以识物、因人以知人。故积力之所举，则无不胜也；众智之所为，则无不成也。”（《文子·下德》）文子认为国君不出朝廷就能知天下事，这是因为他能以身边的事情推知其他事情，以身边的人推知其他人。这样我们就能知道，聚集众人的力量和智慧去做事，就没有不能成功的。古人重行的智慧说明团结就是力量。小到家庭，大到单位、国家乃至天下的发展进步，都离不开团结，都需要合作。

重行要善始善终。《战国策·秦策五》记载公元前307年，秦伐韩，楚出兵援韩，秦楚发生矛盾。楚恐秦伐，请人游说秦王。那人对秦王说，古人有言，百里路程，走过九十就算完成了一半，走最后的十里是最艰难的。现在大王有骄傲情绪，所以不重视以往与楚的情谊，而想先取第三国以达攻打楚国的目的。若以此计策行事，必成天下笑柄。他用“行百里者半九十”告诫秦王有了好的开头，就要克服种种困难，艰难地做到善终。有句话叫万事开头难，实际上走到最后也艰难。行百里者半九十，古人讲究善始善终的行动精神，这对当下的政德建设也有很大的借鉴意义。

重行包含苟日新日日新的精神。我们曾在叙述民本思想的政治文化背景时就谈到古代道德精神特别讲仁爱之心，而这份仁爱之心落实在行动上，就以一种苟日新日日新的精神催人奋进。春秋时期齐相晏子与大夫梁丘据对话，梁对晏子说："我恐怕到死也赶不上先生您了！"晏子说："我听说，努力去做的人通常可以成功，不倦前行的人常常可以到达目的地。我和别人比没什么不同，只是经常做个不停，走个不停罢了。所以很难被赶上。"这就是"为者常成，行者常至"的由来。正是靠着这种执着进取的精神，其貌不扬的晏子名垂千古。这种行动精神里包含大智慧，我们这里略论两点。1. 这种行动精神讲究苟日新，日日新，又日新，日新其德，作新民。每天进步，就能够拥有日进无已之快乐。一步步向前的人生就是最标准、最理想、最有意义的人生。这也正是为什么孔子说"贤哉回也，吾见其进，未见其止"。2. 我们依靠这种日日新的行动，就能够在当下完成自身最高的理想，最完美的人格，不必等到以后去完成，只要这样做了，当下就是一个完美的人格。因此，我们在这里提倡古人重行的道德精神，提倡其中包含的苟日新日日新的精神，就是要激励自己像古人一样去学习，去做人。"旋乾转坤，也只在我内心这一念。君子无入而不自得，可以苟日新，日日新，又日新，有进无至。而且匹夫匹妇之愚，也同样可以如此修行获得其完成。"①

① 钱穆：《中国历史精神》，贵州人民出版社 2019 年版，第 168 页。

人的德性是在身体力行中得到彰显的,那么官员的德性就是在为民众利益负责的行动中得到彰显的。所以为官民本,贵在践行,能为百姓做实事,造福一方,才能凸显官员的德性。

五、清廉

南宋吕本中著《书箴》,列举了三十三条当官的法则,其中开头首句就是:“当官之法,唯有三事:曰清、曰慎、曰勤。”清廉、谨慎、勤勉,遵守这三条法则,就可以保住官位,远离耻辱,得到上司的赏识,得到下属的拥戴。《四库全书总目提要》载:“故此书多阅历有得之言,可以见诸实事。书首即揭清、慎、勤三字,以为当官之法,其言千古不可易。”清朝康熙皇帝御书清、慎、勤三字,刻石赐内外诸臣,各衙署讼堂也多书写清、慎、勤三字作匾额。这说明清、慎、勤已经成为清朝通用的官箴。这三字箴言在后世广为流传,成为公认的当官之法则,清廉排在首位,可见人们对为官清廉的重视程度。

为官清廉是朝廷正百官以激浊扬清的第一要义。顾炎武曾给当官的外甥徐元文写过一封信,信中说:“所谓大臣者,以道事君,不可则止。吾甥宜三复斯言……诚欲正朝廷以正百官,当以激浊扬清为第一要义,而其本在于养廉。”(《顾炎武:《与公肃甥书》)顾炎武首先引用《论语》中孔子的话“所谓大臣者,以道事君,不可则止”(《论语·颜渊》),告诫徐元文要“以道事君”,如果统治者不听劝谏就辞官而去。随后他以沿途见闻以及地方官吏草菅人命的恶性为例，提出："诚欲正朝廷以正百官，当以激浊扬清为第一要义，而其本在于养廉"，即是说要正朝廷必先正百官，应以激浊扬清为第一要务，而其根本则在于培养并保持廉洁的美德。扶正祛邪，激浊扬清，这是传统文化中的从政之德，是营造一个良好的政治生态的题中之义。建设当代政德，必须实现清廉政府，政府清廉才能政治清明，古代士人群体的道德精神为我们当下的政德建设提供了伦理遵循和追求方向。

为官清廉是古代知识分子尤为提倡的品质和责任，事关个人名节和百姓疾苦。"地位清高，日月每从肩上过；门庭开豁，江山常在掌中看。"（《朱熹题白玉岩书院对联》）上联说儒者肩负社会道义、两袖清风，可昭日月；下联说儒者读万卷，品万物，识时局，身在书斋，心系天下。寥寥数语，把古代知识分子以及应该具备的品质说得清清楚楚。从这句话中，我们看到的是古代知识分子的担当和责任，道德和品质，还有潇洒与大气。真正廉洁清明的人反而不会觉得自己清贫，他们只会努力践行自己所认知的理念，并乐在其中。廉洁奉公向来是古代知识分子所提倡，历代为官从政者应具备的品德。这种廉洁的品德不仅事关为官者的名节，更事关百姓疾苦。被康熙帝誉为"天下第一清官"的张伯行廉洁刚直，从不收受礼物。他在福建巡抚任上，为拒绝送礼者，特地撰写一篇《禁止馈送檄》，张贴于居所院门及巡抚衙门。这篇《禁止馈送檄》全文共56个字，"一丝一粒，我之名节；一厘一毫，民之脂膏。宽一分，民受赐不止一分；取一分，我为人不值一文。谁云交际之常，廉耻实伤；倘非不义之财，此物何来？”（张伯行《禁止馈送檄》）为官者取一分，不仅是败坏了自己的名节，更是加重贪污腐败之风，搜刮民脂民膏之实。官员廉洁与否反映的是其心系百姓、以民为本的情况。一个心系百姓、以民为本的人不会允许自己不清廉，因为“一丝一毫”全是民脂民膏。对百姓宽待一分，那么百姓所得不止一分。一丝一粒，一厘一毫，虽都是小节，但于百姓，是保暖之大事，于为官者，也是“小节不慎，大节难保”的大事。廉洁奉公是为官从政者必须具备的做人原则和道德操守。

为官清廉才能上行下效，不厉而能生威。明朝山东巡抚年富对曹端的《官箴》稍作改动，成就一首广为流传的《官箴》：“吏不畏吾严而畏吾廉，民不服吾能而服吾公；廉则吏不敢慢，公则民不敢欺；公生明，廉生威。”（年富《官箴》刻石）这几句官箴诠释为官之本最重要的莫过于两点，一是公，二是廉。寥寥数语将官场“公生明，廉生威”的现象说得明明白白。下属敬畏我，却不是因为我的严厉，而是因为我的廉洁；百姓信服我，却不是因为我的才能，而是因为我的秉公执法。公正则百姓不敢轻慢，廉洁则下属不敢蒙骗。处事公正才能明辨是非，做人廉洁才能树立威信。这说明了道德水平和人格魅力对一个为官者是多么重要。为官者，能做到公私分明、克己奉公、廉洁清明，才能坦荡做人，光明正大，才能下属服从，百姓信服。对于为官从政者，不公，难免以权谋私，不廉，难免藏污纳垢。那么势必会导致贪污腐败、暗箱操作等一系列更大的祸患，也因此会脱离民本，在百姓中失去权威和公信力。因此,为官廉洁是为官民本的重要保证,是执政用权理应具备的敬畏之心。

廉洁是一个人内在的道德品质,是防范腐败滋生的最重要防线。有人感叹诱惑太多、风气太差、监督不严,才会导致腐败的滋生。纵然这些也都是原因,但思想防线崩溃,原则立场不坚,志向信念动摇才是腐败问题的根本,而廉洁的品质在其中充当的角色至关重要。苏轼曾说:“物必先腐也,而后虫生之;人必先疑也,而后谗入之。”(苏轼《范增论》)东西总是先自身腐烂,虫子才会寄生,说明事情总是先有弱点而后才会被外物入侵。外因纵然是变化的条件,但内因才是变化的根据,腐败问题的关键在于腐败者自身道德素养不高,自控能力差,容易受到各种各样的诱惑。如果一个官员具备廉洁的道德品质,一直用做清官做好官做为民服务的民本之官督促自己,监督自己,就不会产生信仰迷失、精神迷失的现象,也就能够自觉抵制外界的诱惑,清清白白成就一个自我。因此我们说杜绝腐败的第一道防线也是最重要的防线应该是廉洁的道德品质,除此之外,古训还给予我们另一则启示。汉宣帝因“巫蛊之祸”从小在民间长大,因此对百姓疾苦和吏治得失体察深刻。在位期间,他经常巡视各地,发现基层有官吏侵犯百姓利益的现象。他认为,基层官吏俸禄微薄是造成这一现象的一个原因,因此,提高他们的俸禄在一定程度上能提高其廉政水平。当官为政者也不是生活在真空中,也有很多为难事,汉宣帝提高地方官员俸禄以提高廉政水平的例子也引人深思。政府必须营造不想腐、不能腐、不敢腐的政治氛围，在此基础上历练为官者清廉的道德素养还是重中之重，让每一个为官者学会管理和驾驭心中的欲望，坚持权为民所用，情为民所系，利为民所谋才能真正做到为官民本。

六、谦敬

为官民本，就要求官员以仁爱之心对待百姓，如果真能以仁爱之心对待百姓，那么就会在面对百姓时自然而然表露出一种谦敬的态度。“谦，德之柄也。”（《周易·系辞下》）是说谦卑是维系美德的关键，为官者想要将自己的德性外显出来并发扬出去，只有保持自己谦逊的美德。“谦，尊而光。”（《周易·系辞下》）是说谦逊是凸显一个人光辉人格的标志，为官者只有在与人交往、对待百姓时谦逊自持，并以此修身养性，才能提升自己的道德，并在人前保持光辉人格。对于官员来讲，谦敬是一种态度，是一种高尚的人格力量，更是一种执政理念，只有常怀一颗谦敬之心，才能以柔克刚，得到民众的爱戴和拥护。为官谦敬，是为官民本的内在要求。

为官谦敬是成就自己德性的一种方式。谦敬的反面是骄傲，骄傲会让官员产生高高在上的情绪，使得官员背离民众，由此脱离为官的民本主旨。对于谦敬和骄傲的对立，王阳明曾指出：“今人病痛，大端只是傲。千罪百恶，皆从傲上来。傲则自高自是，不肯屈下人。故为子而傲，必不能孝；为弟而傲，必不能弟；为臣而傲，必不能忠……汝曹为学，先要除此病根，方才有步可进。”“傲”之反为“谦”,“谦”字便是对症之药。“非但是外貌卑逊,须是中心恭敬,撙节退让,常见自己不是,真能虚己受人。故为子而谦,故为子而谦,斯能孝;为弟而谦,斯能弟;为臣而谦,斯能忠。尧舜之圣,只是谦到至诚处,便是允恭克让、温恭允塞也。汝曹勉之敬之,其毋若伯鲁之简哉!”(《王阳明全集·文集五·书正宪扇》)从王明阳的这段话中,我们至少可以获得三个观点:1. 傲是万恶之源。一个人居高自傲,甚至不能很好地做儿子,做兄弟,做臣子,忠孝悌都不能全。2. 只有谦敬为人,才能真像个人,既能全其忠孝悌,又能将其发散出去以致极致,便可成尧舜。3. 谦敬必须以心诚为本。只有心诚,才能真正做到谦敬为人,也才能发散这份谦敬,才能全其忠孝悌,成其恭俭让,最终成圣。小处看来,谦敬好像只是一份为人处世、待人接物的态度和学问,由王阳明这段话来看,谦敬却是和仁爱、尚义一样,具有非常重要的地位,它是一种谦敬以进德行德的重要修养方法。因为为人谦敬,首先要加强自己的修养,对君主,对父母,对兄弟,对百姓都能具备这份谦敬之心,也就需要不断加强自己的修养,并不断外显,这就能更加深刻、更加广泛地加深、拓宽自己的道德修养,并发散这份道德修养。宋明时期,谦敬这种修养方法为理学家所发扬。程子说:“整思虑,则自然生敬。敬只是主一也。主一,则既不之东,又不之西,如是则只是中。既不之此,又不之彼,如是则只是内。……敬以直内,涵养此意,直内是本。”(《二程集·河南程氏遗书》)由此看来,理学家已经把敬当作自我提升的一种修养方法了。朱熹更是将谦敬变成了“提高道德实践的自主性、自觉性，进行自我改造的基本方法"①。

为官谦敬是心存畏惧、反躬自省的一种方式。每个人都必须有所畏惧，才能遵守德性，如果无所畏惧，就会随心所欲，惹出祸端。孔子在解读《易经》的时候说道："存雷震，君子以恐惧修省。"君子之心，长存敬畏，这是一个人的道德修养，而这种道德修养又会成为一个官员的外在表现。只有做到自尊自谦，才能对他人事之以礼，以敬奉人。自身谦敬，以敬奉人，则势必引导人"躬自厚而薄责于人"(《论语·卫灵公》)。这对一个官员是非常重要的，官员在遇到事情的时候，只有"躬自厚而薄责于人"，才能检讨自己、苛责自己、反省自己，而对民众多去体谅、宽容，从而赢得民众的支持和理解。谦敬促人反省，反省的关键则在于责己。责己应遵循什么标准呢？"故君子责人则以仁，自责则以义。责人以仁则易足，易足则得人，自责以义则难为非，难为非则行饰。"(《吕氏春秋·举难》)以仁爱之心去对待别人，以道义的标准要求自己，为官如果能如此，就一定能赢得民心，这也正是以民为本的一种表现。

为官谦敬是拉近官民距离，增强官民亲和力的一种方式。官员的谦敬不能是表面工程，而必须是官员真实的态度和情感。只有官员真实的态度和情感，才能真正外显于百姓，表现出一种平等和谦和，也才能真正发扬至善的道德理想，发挥其文明和教化的巨大功能。陆九渊曾说："今人有慢侮人之心，则有慢侮之

① 蒙培元：《理学范畴系统》，人民出版社 1989 年版，第 407 页。

容，慢侮之色，慢侮之言，此可以行迹指者也。又有慢侮人之心，而伪为恭敬，容色言语反若庄重，此则不可以行迹者也。深情厚貌，色厉而内荏者是也。可以行迹指者，其浅者也。不可以行迹指者，其深者也。必以形迹观人，则不足以知人。必以行迹绳人，则不足以救人。”（《陆九渊集·杂著·杂说》）为人狂傲轻慢者，可能显现在外表，也可能被隐藏起来。这就是说谦敬有可能出自内心，也可能是伪装出来的。至善的道德理想，时常受到愚蠢与傲慢的严峻挑战，以至无法发挥其文明和教化的巨大功能。真假杂糅，是非混淆，这是妨碍德性教化功能的巨大阻碍。有志之士必将以身作则，修身正己，保持自己谦逊的美德，并将其发散出去，使百姓内心安定，达到教化的目的。

谦敬更多的时候是通过降低自己的身份来提升别人，然而此举并不是自卑自贱，而是“谦尊而光，卑而不可逾”（《朱子语类》）。也就是说谦敬会使身居高位者越发凸显自己的德性，位虽卑，但却无人能超越。谦敬不仅能够提升自己的德性，还会凸显这种德性，发散这种德性，以使自己的品质历久弥坚，以使别人受到感化，发挥其道德感化的作用，还可以赢得百姓对官员的支持和理解，助力民本精神的实现。

第四章 传统民本思想的理论开新

加强政德建设是新时代中国的现实需要。首先，进入新时代的中国面临新的机遇和挑战，处在从大国走向强国的关键时期，需要一批有能力、有道德、有素养、心系百姓和国家的人民公仆。

习近平总书记指出："党的干部是党和国家事业的中坚力量。要坚持党管干部原则，坚持德才兼备、以德为先，坚持五湖四海、任人唯贤，坚持事业为上、公道正派，把好干部标准落到实处。"①好干部标准以德为先，进行当代政德建设不能脱离中国传统文化。马克思曾说："人们创造自己的历史，但是他们并不是随心所欲地创造，并不是在它们自己选定的条件下创造，而是在直接碰到的、既定的，从过去继承下来的条件下创造。"②中国

① 《习近平新时代中国特色社会主义思想三十讲》，学习出版社 2019 年版，第 315 页。

② 《马克思恩格斯选集》第 1 卷，人民出版社 1995 年版，第 585 页。

传统文化中蕴含丰富的民本思想，其中的为君之道、为官之道，以及其中所蕴含的贤能政治思路、道德型政治背景、文化背景，还有其中蕴含的中国传统道德精神都为我们建构当代政德奠定了基础。我们不能脱离传统民本思想及其中包含的中国传统道德精神去进行当代政德建设，脱离了我们自己的优秀传统文化，势必酿成恶果。审视当下的政德状况，再回顾古代士人群体的道德精神，就会感到以古代传统民本思想及其道德精神来辅助当下政德建设的重要性和迫切性。因此，当代政德建设不能脱离中国传统的民本思想，它必然是传统基础上的返本和开新。

第一节　传统民本思想的理论开新

遵循习近平总书记对干部队伍“德才兼备、以德为先”的要求，我们提出当代政德建设的目标是培养党员干部以人民为中心的价值取向，整体提高党员干部道德素养。而传统民本思想一方面强调以民为本，立君、为官为民，政在养民，本身就包含着丰富的民本思想和内容，另一方面传统民本思想背后是中国古代的道德型政治背景，蕴含着古代贤能政治的思路和传统道德文化的基本精神。“各国的文化都重视道德，但是没有哪一种文化，能像中国传统文化这样把道德作为自己的基础，让道德观念渗透一切；也没有哪一种文化，系统强调个人的品德素养，不仅把实践道德视为人性的体现，而且把它看得比生命更可贵。"①因此，传统民本思想为当代政德建设提供了可资借鉴的资源，无论是价值取向方面，还是道德素养的培养方面。当代的政德建设对传统民本思想的继承也是对传统民本思想的开新，继承和开新本就是一个过程。我们要通过社会现实的检验、筛选和改造，对传统民本思想进行理论开新，使其融入当代政德建设中，从而丰富并规范当代的政德范围，并使之获得民族的形式和特色。

一、传统民本思想理论开新的理论内涵

要理解传统民本思想理论开新的理论内涵，必须站在唯物史观的立场上看文化。1940年，毛泽东在《新民主主义论》中的文化概念就是站在唯物史观的立场上作出的。他指出："一定的文化（当作观念形态的文化）是一定社会的政治和经济的反映，又给予伟大影响和作用于一定社会的政治和经济。"②在这里，毛泽东把文化看作是观念形态的，认为文化是社会的政治经济的反映，又会反作用于社会的政治和经济。这个定义明显符合唯物史观社会存在和社会意识的关系。社会存在决定社会意识，社会意识反作用于社会存在。社会存在是社会意识内容的

① 郑师渠：《中国传统文化漫谈》，北京师范大学出版社1900年版，第38页。

② 《毛泽东选集》第二卷，人民出版社1991年版，第663—664页。

客观来源，随着社会存在的发展，社会意识也会或早或晚地发生变化和发展；社会意识并不是完全被动地受制于社会存在，它还具有相对独立性。社会意识的相对独立性指的是在它受社会存在决定的同时，它有自己特有的发展形式和规律。值得突出强调的是社会意识内部各种形式之间会相互影响，而且具有各自的历史继承性。“社会意识诸形式均有自成体系、前后相继的历史链条，因而具有历史继承性，有其发展的特殊规律。”①从唯物史观的文化概念，从唯物史观社会存在和社会意识的相互关系出发，我们就能分析得出传统文化理论开新的内涵。

传统文化作为一种社会意识，作为一种文化观念，是建立在与之相适应的中国古代的经济与政治基础之上的，是由中国古代的社会存在决定其内容和形态的。随着社会形态的变迁，及其与之相适应的经济与政治形态的变化，传统文化也要发展和变化。然而我们又知道，文化是具有相对独立性的，也就是具有自己的前后相继性，因此传统文化的发展和变化，是在继承以往传统文化基本形态的基础上的一种理论开新。这种理论开新指向适应新的时代的经济和政治，指向对于过去文化传统的一种转化和改造，指向其本身以一种新的形态保存下来并发挥积极作用。用习近平总书记的话说就是：传统文化会“因时而兴，乘势而变，随时代而行，与时代同频共振”②。

---

① 《马克思主义基本原理概论》，高等教育出版社 2018 年版，第 112—113 页。

② 《习近平谈治国理政》第二卷，外文出版社 2017 年版，第 350 页。

我们根据上述传统文化的理论开新来分析传统民本思想的理论开新。传统民本思想是建立在过去的经济和政治之上的，是建立在小农经济及其农兵结合、士农结合的经济状况之上，君主专制及士人组织政权的政治状况之上。现在的经济和政治情况已经发生改变，传统民本思想势必也要发生改变，使其适应新时代的政治和经济情况。那么首先需要问的一个问题就是传统民本思想是否能够延续？以唯物史观的观点来看，社会意识有其传承性和独立性，传统民本思想与中国特色社会主义先进文化是一脉相承的，有相通的精神追求、精神特质和精神脉络，而传统民本思想当中包含着大量的精华部分，这些精华部分和我国当下的道德建设不仅是相融的，而且内在是契合的，因此可以肯定地说，传统民本思想是可以延续下来的。由于本书着重于传统民本思想中的为官之道及其中非常强调的士人群体的道德精神，所以我们还必须接着问，传统社会中古代的士人群体为什么有那么强烈的道德精神，而这些道德精神能否在当代延续下来呢？古代士人群体具有强烈的道德精神，一是由于古代的国家观本身就是一种道德或者说文化国家观，国家的使命首先就是宣扬最高的道德。二是由于儒家学派长期占据意识形态的主流地位，而儒家学派最重要的政治思想就是为政以德，修齐治平。儒家学派重视士人群体的道德修养，并将其与治理国家、平定天下结合在一起。三是由于古代士农结合的经济状况和社会结构。那么这些传统道德能否在当代延续下来呢？从现实情况看，新中国成立后，尤其是改革开放后，非此即彼的利益对抗消失，整体利益至上的关系淡化，公私关系变得复杂，公务员的道德标准也开始模糊并复杂起来，中国社会内在的道德调节机制遇到了困难。但是我国依然重视伦理与道德的社情国情没有变，要重塑道德精神，将古人的道德精神延续下来，就必须使我国当下的主流意识形态马克思主义进一步中国化，马克思主义的中国化和传统文化的转化与创新实际上是一个过程。那么第三个问题就是传统民本思想如何延续呢？我们知道传统民本思想毕竟是建立在古代皇权专制的政治形态之上的意识形态，其中除了精华内容以外，还有糟粕，除了积极的思想以外，还有消极的思想，除了对今天还有价值的东西外，还有已经过时了的、不再适用的内容。正如习近平总书记所说："传统文化在其形成和发展过程中，不可避免会受到当时人们的认识水平、时代条件、社会制度局限性的制约和影响，因而也不可避免会存在陈旧过时或已成为糟粕性的东西。"①这就要求我们在继承传统民本思想建设当代政德的过程中，对其思想内容加以甄别、取舍，对其中优秀的部分，于今天社会发展、政德建设有益的部分加以继承，当然这个继承一定是古为今用、推陈出新的过程。继承就是创新。传统民本思想的继承与创新主要在于适应新时代社会主义市场经济的要求，并借助社会主义市场经济方便快捷的特点进行宣传教育与传播；适应社会主义主权在民的机制和体制要求，将维护人民利益，有助于培养公仆精神和独立人格的精华部

① 习近平：《在纪念孔子诞辰2565周年国际学术研讨会暨国际儒学联合会第五届会员大会开幕会上的讲话》，《人民日报》2014年9月25日。

分与我国当下的中国特色社会主义制度相互融合。经过创造性转化、创新性发展的传统民本思想就是适应当下中国文化发展、适用于当下政德建设的民本思想。

我们以唯物史观的观点看传统民本思想的文化性质,看其与社会存在的关系,能够看到传统民本思想存在、变动、转化与发展的真实基础,也就能够理解传统民本思想理论开新的重要性、必要性与可能性了。

二、传统民本思想理论开新的指导思想

我们前一节已经明确了传统民本思想理论开新究竟指的是什么,以及其必要性和可能性。除此之外,传统民本思想的理论开新还涉及其他方面的很多内容,比如一些相关的重要理论问题,开新的重要原则及具体的工作措施等。这些内容当然也很重要,但更为重要的则是实现传统民本思想理论开新的指向思想问题。

论及传统民本思想理论开新的指导思想,首先要明确传统民本思想理论开新的目的。而传统民本思想的理论开新,在本书中的目的是为当代政德建设服务,再进一步说,是为了建设中国特色社会主义先进文化。这就必须先谈一谈当代中国发展和进步的根本方向,明确中国特色社会主义是一种什么主义,其理论体系和指导思想是什么,还要明确建基其上的中国特色社会主义文化的性质。只有明确了这些内容,我们才能从传统民本

思想理论开新的目的中明确传统民本思想理论开新的指导思想是马克思主义。坚持和发展中国特色社会主义是改革开放以来党的全部理论和实践主题，是当代中国发展进步的根本方向。而中国特色社会主义是社会主义，不是什么别的主义。一个国家能够实行什么样的社会制度，要看这个社会制度能否切实地解决本国发展的难题。在中华民族积贫积弱、任人宰割的时期，各种主义和思潮都曾经被尝试过。无论是资本主义，还是改良主义、自由主义、社会达尔文主义、无政府主义、实用主义、民粹主义、工团主义都没能解决中国的现实发展问题。是马克思列宁主义、毛泽东思想引领全体中国人民走出了漫漫长夜，建立了新中国。党又经过 70 多年的探索，40 多年的改革开放实践，坚定了发展中国特色社会主义的决心。尽管国内外很多舆论对中国特色社会主义还是不是社会主义提出质疑，但是无论如何改革和开放，我们可以毋庸置疑地回应，中国特色社会主义是社会主义。它是由中国特色社会主义理论体系指导的，由中国特色社会主义制度保障的社会主义。中国特色社会主义理论体系作为指导党和人民实现中华民族伟大复兴的引领，是改革开放以来我们党推进马克思主义中国化所取得的理论创新成果，是真正的马克思主义。因此，坚持中国特色社会主义道路，就是坚持中国特色社会主义理论体系，也就是坚持以马克思主义为指导。明确了这一点，我们还要明确建立在中国特色社会主义政治和经济基础上的中国特色社会主义文化的性质。“发展中国特色社会主义文化，就是以马克思主义为指导，坚守中华文化立场，立足于当代中国现实，结合当今时代条件，发展面向现代化、面向世界、面向未来的，民族的科学的大众的社会主义文化，推动社会主义精神文明和物质文明协调发展。”①中国特色社会主义文化是以马克思主义为指导的文化，而传统民本思想的理论开新，目的就是要建设中国特色社会主义文化，并以此为途径服务于中国特色社会主义发展，实现中华民族的伟大复兴。因此实现传统民本思想的理论开新，指导思想是马克思主义。

既然传统民本思想的理论开新是在中国特色社会主义文化建设的总体框架下阐发的，其要服务于的当代政德建设是作为中国特色社会主义文化建设的一部分，那么无论是其理论开新的服务主体，还是理论开新的内容与取向，都需要以马克思主义作为指导思想。从传统民本思想理论开新的服务主体来说，它是服务于当代政德建设的，也就是服务于中国共产党的建设及其领导下的中国人民。中国共产党是马克思主义政党，坚持以马克思主义为指导，对中国共产党来说是任何时候都不能动摇的根本。“马克思主义就是我们党和人民事业不断发展的参天大树之根本，就是我们党和人民不断奋进的万里长河之源泉。背离或放弃马克思主义，我们党就会失去灵魂，迷失方向。”②因此，从传统民本思想理论开新要服务的主体来看，必须坚持马克思主义为指导。从传统民本思想理论开新的内容和取向看，其

① 《习近平新时代中国特色社会主义思想三十讲》，学习出版社 2019 年版，第 315 页。

② 《习近平谈治国理政》第二卷，外文出版社 2017 年版，第 66 页。

内容和取向是服务于当下政德建设的，也是服务于当下中国特色社会主义文化的。其开新的取向是古为今用，推陈出新，是使其以一种新的面貌与我们当下的文化相融，共同服务于现代化建设。这样，就对中国传统民本思想的理论开新提出了要求，那就是取其精华，去其糟粕，并引导其适应当下国家建设并发挥积极作用。为此，就要有一个对传统民本思想进行鉴别、筛选的工作过程，而这样的工作过程无疑需要一个评价的标准和筛选的办法。这个评价的标准和筛选的办法必须要符合当下中国特色社会主义文化的建设和要求，因此马克思主义的指导就是应有之义。

传统民本思想理论开新的指导思想是马克思主义，但马克思主义是中国化的马克思主义，是与中华优秀传统文化相结合的马克思主义。传统民本思想理论开新的过程，或者说中华优秀传统文化的创造性转化和创新性发展的过程也是马克思主义中国化的过程。正如郑吉伟、常佩瑶所说："任何科学的理论和制度，必须本土化才能真正起到作用。马克思主义也好，社会主义也好，能够在中国取得胜利，关键就是我们不断推进其中国化，紧密结合中国实际加以运用。"①马克思主义作为一种外来的文化传入中国，并要发挥主流意识形态的作用，势必需要具有鲜明的中国风格和中国气派，势必需要以一种中国人民喜闻乐见、广泛接受的方式存在。而要具有鲜明的中国风格和中国气派，要呈现出广大人民群众喜爱的形式，决不能排斥中国传统文

① 郑吉伟、常佩瑶：《论习近平的传统文化观》，《理论学刊》2016年第1期。

化,必须与中国实际和中国传统文化紧密结合,因为中国传统文化是中华民族的根和魂。传统民本思想是我们民族的历史传统、文化积淀的重要部分,是马克思主义中国化面向的中国国情中的重要部分。因此,我们说,传统民本思想的理论开新要以马克思主义为指导,但实际上其理论开新的过程也是马克思主义与传统民本思想相结合以不断实现中国化的过程。这个相互统一的过程不但是必要的,还是可能的。一方面,马克思主义是我们党领导人民找到的正确道路。找到这条道路极其不容易,在以后的发展中,我们必须坚定不移地坚持好、发展好这条道路。但中国对马克思主义并不是采取教条主义的态度,而是始终坚持把马克思主义基本原理同中国具体国情相结合,实事求是地去实践、发展马克思主义。这样的态度决定了马克思主义与中国传统文化、传统民本思想相结合,实现自身发展的可能。另一方面,中国传统文化极具包容性的特点决定了二者能够融合。实际上,中国传统文化本身的发展壮大就是一路吸收外来文化以发展自新的过程。比如,佛教的传入并在隋唐时期达到鼎盛,对儒家的主流意识形态地位产生了很大影响。但儒家文化正如吸收道家、法家、墨家的各种理论一样,以“以我为主、积极兼容”的策略吸收并改造了佛教的心性理论,最终又一次完成了自己的新发展。再如,中国传统文化在近代遭到了外来资本主义文化以及西方宗教的入侵和影响,但传统文化也在一次又一次的结合中产生了“中学为体,西学为用”的思想、太平天国运动、五四新文化运动和孙中山的“三民主义”等等。这些事例说明了中国传统文化的包容性,也说明了其历久弥新的精神力量。而当下我们的中国特色社会主义文化也正是中国传统文化在当今时代具有包容性的客观体现。因为尽管中国特色社会主义文化是以马克思主义为指导的,但其源自于中华民族5000多年文明历史孕育出的中华优秀传统文化。

"先立乎其大者"是中国哲学的智慧,我们实现传统民本思想的理论开新也应当先立乎其大者,这个大者也即指导思想——马克思主义。只有我们将马克思主义的指导旗帜打得坚定和鲜明,才能为中国传统民本思想的理论开新确立正确的评价和筛选标准,也才能有效地促进传统民本思想的理论开新。

第二节　我国当下政德领域的突出问题与成因

传统民本思想中包含一条"内圣外王"的修身为政的具体路径。这条修身为政的具体路径讲究"为政以德,譬如北辰,居其所而众星拱之",也就是强调为官者自身的道德修养对社会道德、国家治理的示范和导向作用。以传统民本思想及其中蕴含的为官之道反观当下,一些党员干部的"贪腐""官僚主义""作风不实""言行不一"等现象,往往直接由脱离群众引起,又直接影响群众的切身利益,无论是对群众,还是对党都造成不良影响。本书在系统研究了传统文化中的民本与官德问题之后，尝试在分析当下政德领域突出问题及成因的基础上，探索传统民本思想与官德资源的理论开新，即进一步挖掘其中的民本之魂，评价其缺失和错位，为当下政德建设提供借鉴。

2014年10月，在党的十八届四中全会第二次全体会议上，习近平总书记指出了无视党的政治纪律和政治规矩的“七个有之”：“一些人无视党的政治纪律和政治规矩，为了自己的所谓仕途，为了自己的所谓影响力，搞任人唯亲、排斥异己的有之，搞团团伙伙、拉帮结派的有之，搞匿名诬告、制造谣言的有之，搞收买人心、拉动选票的有之，搞封官许愿、弹冠相庆的有之，搞自行其是、阳奉阴违的有之，搞尾大不掉、妄议中央的也有之，如此等等。有的人已经到了肆无忌惮、胆大妄为的地步！”①2017年党的十八届六中全会制订的《关于新形势下党内政治生活的若干准则》对新形势下不符合党的性质和宗旨的问题做了概括：“在一些党员、干部包括高级干部中，理想信念不坚定、对党不忠诚、纪律松弛、脱离群众、独断专行、弄虚作假、庸懒无为，个人主义、分散主义、自由主义、好人主义、宗派主义、山头主义、拜金主义不同程度存在，形式主义、官僚主义、享乐主义和奢靡之风问题突出，任人唯亲、跑官要官、买官卖官、拉票贿选现象屡禁不止，滥用权力、贪污受贿、腐化堕落、违法乱纪等现象滋生蔓延。特别是高级干部中极少数人政治野心膨胀、权欲熏心，搞阳奉阴

① 《习近平关于党风廉政建设和反腐败斗争论述摘编》，中国方正出版社2015年版，第50页。

违、结党营私、团团伙伙、拉帮结派、谋取权位等政治阴谋活动。”①根据以上概括总结，并结合习近平总书记的多次重要讲话，以及一些地域性（包括少数民族聚居区域）政治道德的调研报告，将当下个别公务员道德存在的主要问题概括如下：

第一，理想信念动摇。我们在上一章说到古代士人群体的道德精神，其中坚定的理想信念是被非常看重的，甚至被认为是成事者首先要具备的道德精神。而历史的经验和现实的事实都一再证明，理念信念的动摇和精神世界的软弱是最危险的。衡量一个党员干部是否具备坚定的理想信念，并不是没有客观标准的。在古代，检验一个官员意志坚定与否，要看他是否敢于对上直谏，舍生取义，无论身处何地都心怀苍生；在革命战争年代，检验一个党员干部理想信念是否坚定，则要看他能不能为党和人民的事业舍弃自己的生命，能不能冲锋号一响就往前冲。这两种情况，检验的标准都非常直接。今天，要检验一个党员干部理想信念坚不坚定，则没有那么直接了，然而还是有一些清晰的标准的，比如能否吃苦在前、享受在后，能否勤奋工作、廉洁奉公，能否为了理想奋不顾身去拼搏，去献出自己的时间和精力。一句话，就是能不能全心全意为人民服务，而不是只想着自己和自己的小家。以这样的标准审视当下，大多数党员的理想信念是坚定的，政治上是可靠的，但同时也要看到，在个别党员干部

① 《十八大以来重要文献选编》（下），中央文献出版社 2018 年版，第 419 页。

中，信仰缺失、理想信念动摇依然是一个大问题。有的人对共产主义心存怀疑，认为那是虚无缥缈、难以企及的幻想；有的人服务精神弱化，对人民群众缺乏感情和奉献精神；有的不信马列信鬼神，从封建迷信中寻找精神寄托，甚至带头烧香拜佛，算命看相；有的是非观念淡薄，原则性低下，正义感退化；有的扛着马克思主义的大旗，却做着以权谋私之事；有的对社会主义的前途命运毫不关心，甚至持消极态度；有的则向往西方的社会制度和价值观念，对社会主义道德等原则性问题态度暧昧，消极躲避；等等；出现这样那样的问题，归根结底在于公务员信仰迷失、精神迷失。

第二，作风不实，言行不一。2016 年由中共中央组织部、人力资源和社会保障部、国家公务员局联合颁布的《关于推进公务员职业道德建设工程的意见》中提出了我国公务员职业道德规范："坚定信念、忠于国家、服务人民、恪尽职守、依法办事、公正廉洁。"这个道德规范一方面体现了我国公务员群体职业的神圣性，体现了社会主义国家为民服务的特点和优势。当前，个别党员干部出现了作风不实、言行不一等现象，比如表面举高旗，背地少有真实行动；说得多做得少，假话多真话少；口号喊得响，却都是大话空话，并没有实际思想；对别人要求很严厉，对自己却宽松甚至放任；一些领导干部的工作汇报假、长、空，只会念稿子，空话连篇、装腔作势，不看对象，言之无物。"对党的领导干部来说，文风是党风的折射，根源是党性问题，反映着领导干部的思想境界、党性修养状况，是领导干部能不能真正坚持实事求是原则的问题，也是对党和人民事业是不是真正负责的问题，是对群众的态度和情感问题。不论热衷或是违心地讲大话、假话、空话、套话，本身都是对实事求是的否定。空话、假话、大话、套话，归结起来是没用甚至是有害的话。明明知道如此，仍然照讲无误，是对党和人民事业不负责的行为，是没能把人民群众装在心里的表现。”①因此，作风不实、言行不一的政德问题实际是少数党员干部无担当、不实干的表现，而究其根本，是心里没有人民群众，不能坚定地为人民群众的福祉以及国家的事业真心付出的表现。

第三，形式主义、官僚主义、享乐主义和奢靡之风。传统民本思想的实践路线反映出古代士人群体强大的人格力量。对于人格力量，习近平总书记也曾有过说法：“我们党作为马克思主义执政党，不但要有强大的真理力量，而且要有强大的人格力量。真理力量集中体现为我们党的正确理论，人格力量集中体现为我们党的优良作风。”②作风问题的核心是保持党和人民群众的血肉联系。要全心全意为人民服务，始终坚持人民立场，虚心向人民学习，汲取人民智慧，把人民拥不拥护、赞不赞成、高不高兴、答不答应作为衡量一切工作得失的根本标准。要始终坚持走群众路线，增强群众观念和群众感情。党的十八大以来，党

① 中央党校中国特色社会主义理论体系研究中心：《改进文风改什么》，《光明日报》2013 年 4 月 2 日。

② 《习近平新时代中国特色社会主义思想三十讲》，学习出版社 2018 年版，第 317 页。

中央以制定和落实中央八项规定作为解决党的作风问题的切入口和动员令,连续开展党的群众路线教育实践活动,着力解决"四风"问题,取得了重大成果。开展了"三严三实"专题教育、推进"两学一做"学习教育常态化制度化,进一步解决党员干部在思想、作风、纪律等方面存在的问题。但作风问题有顽固性和反复性,"四风"问题依然存在。形式主义,主要表现在学习上"虚",不求实效;调查时"浅",不察实情;工作中"假",不干实事。① 有些党员干部热衷于在办公室里"做""政绩",做的都是虚功和花架子,每天汲汲于弄虚作假,还有什么时间真抓实干呢?有些党员干部对待群众既没有爱心也没有耐心,对人民群众的疾苦视而不见,专心于个人升迁发迹的"面子工程"。有的党员干部不仅不学无术,还喜欢专断独行,以劳民伤财为代价以权谋私。"官僚主义是一种以权力本身作为权力运行的出发点和落脚点,从而背离党性、脱离群众、远离实际的思想意识和工作作风。当前官僚主义表现为三种形态:一是权力崇拜型,二是权力滥用型,三是权力寻租型。"②无论哪种类型,官僚主义的核心都是背离群众,没有弄清或彻底背离了组织的公共性、权力的公共性和利益的公共性。身居庙堂却不关心百姓疾苦,将百姓之事高高挂起,横眉冷对人民,觉得自己高人一等,不是为人民

① 徐晨光:《旗帜鲜明地反对形式主义》,《光明日报》2013 年 7 月 2 日。

② 黄明理:《我国公务员职业道德现状之评价及问题应对》,《中共宁波市委党校学报》2015 年第 4 期。

服务，而是与人民为敌，这都是官僚主义的表现。享乐主义和奢靡之风联系在一起，主要就在于背离党艰苦奋斗、真抓实干的精神，直接表现在于对人民群众劳动成果的盘剥，使自己成为特权群体。形式主义、官僚主义、享乐之风和奢靡之风因脱离群众而起，也危害群众利益，最终不但会损害公务员队伍的公信力，也会危害党群、干群关系。

第四，选拔升迁过程中的任人唯亲、拉帮结伙。用一贤人则群贤毕至，见贤思齐就蔚然成风。20 世纪 90 年代开始，我们公务员选拔和任用制度进一步健全，努力落实“德才兼备、以德为先”的用人标准。在这一标准的导向下，党员干部的选拔升迁总体向着公平公正进展。2002 年根据《中国共产党章程》和相关法律、法规制定了《党政干部选拔任用工作条例》，2019 年中共中央印发修订后的《党政干部选拔任用工作条例》，并发出通知，要求各地区各部分结合实际遵照执行。这一条例突出政治标准，要求选拔坚决维护党中央权威、全面贯彻执行党的理论和路线方针政策，忠诚干净担当的干部；选拔具有专业能力、专业精神，适应新时代中国特色社会主义发展要求的干部；要求选拔在基层扎实历练，在艰苦地区经受磨炼、业绩突出的干部。而且非常强调破除“唯票取人”、任人唯亲问题，主张坚决查处说情打招呼、跑官要官、买官卖官、拉票贿选等行为。用人环境的风清气正会促进政治生态的山清水秀，但现实中仍然存在一些不合理不公正现象，任人唯亲、拉帮结伙的现象依然存在，买官卖官现象并未根除。但在从严教育、从严管理、从严监督的大环境下，上述两种现象以更加隐秘的形式呈现。选拔任用过程中，有些人会打着民主集中的幌子，对有背景有关系的人员轻民主重集中。我国当前选人用人的机制体系还存在一些缺陷，损害了公平公正的原则。

第三节　以人民为中心建设新时代政德体系

我们在分析当下政德问题时，就指出理想信念的缺乏是由于对马克思主义和科学社会主义不真懂，不真信，也就是对人民群众当家作主的地位以及人民群众创造历史的规律认识理解不够；作风不实、言行不一，形式主义、官僚主义、享乐主义和奢靡之风以及任人唯亲、拉帮结伙都是对于公权力的认识不到位，没能真正具备民主意识，没能正确将自己与人民的位置摆放正确。我们在分析当下政德领域中问题的成因时，也指出了无论是道德个体维度、经济社会维度还是历史文化维度的成因，民主理念的缺失都是重中之重。对此，习近平总书记将实践需要与时代条件相结合，汲取了中国传统民本思想中的为政以德思想，并将其与无产阶级道德观的思想精髓相结合，进一步总结了中国共产党成立以来的干部政德经验，为新时代领导干部提出了理想、原则、规则等层面的要求。1990 年 3 月，习近平同志发表《从政杂谈》，明确指出为官之德在于清廉，领导干部要将清廉作为行为准则，自觉抵御歪风邪气。2007 年，习近平同志在《做人与为官》中对领导干部的政德提出了更高要求，核心在于做人与为官、学习与改造、立言与立行的统一。2018 年 3 月全国两会期间，习近平总书记在参加重庆代表团审议时，立足于新时代，对党员干部提出了具有科学性和系统性的政治要求：立政德，就要明大德、守公德、严私德。从政治信仰、从政道德、为官品行三个层面为提升党员干部的政治素养、道德修养指明了方向，也为新时代政德体系建设提供了基本方向和根本遵循。本节我们主要论述以人民为中心建设当代政德体系的理论依据、历史依据和实践依据，并根据习近平总书记对新时代政德建设的重要论述，简要阐释以人民为中心建设新时代政德体系的主要内容。

一、以人民为中心建设政德体系的理论依据

以人民为中心建设新时代政德体系，就必须把它当作一个系统、完整、科学的理论体系，去构筑严密的逻辑框架。以人民为中心建设当代政德体系，首先需要明确它的依据，即从学理来源、历史经验和时代要求的高度回答提出和坚持它的原因，以此观照其科学性和真理性。

（一）理论依据

以人民为中心建设新时代政德体系的理论依据，学术界有一种从党的宗旨出发去言说的倾向。然而众所周知，探求一个

思想的理论依据，是要从学术的高度观照其科学性和真理性。要完成这一使命，仅从党的宗旨出发对其言说是不够的，必须站在唯物史观的基石上，从人类历史发展规律的高度上，去回答为什么要以人民为中心建设新时代政德体系。如此，才能让干部群众感受到此政德体系的真理力量。

在唯物史观看来，生产力和生产关系的矛盾以及经济基础和上层建筑的矛盾构成社会基本矛盾，社会基本矛盾运动是推动人类社会发展的基本动力。找到了人类社会发展的基本动力，也就找到了人类社会发展的基本规律，即生产力与生产关系矛盾运动的规律、经济基础与上层建筑矛盾运动的规律。唯物史观对人类历史发展客观机制的揭示常给人一种错觉，好像社会基本矛盾是脱离人的活动而存在的，似乎社会历史是一个无主体的物象。这是对唯物史观的严重误解。唯物史观的逻辑前提是现实的人及其历史活动，马克思从现实的人及其历史活动出发，进一步分析了人的历史活动的基本规定及其相互关系。因此，生产力、生产关系、经济基础、上层建筑等规定性只有在人的历史活动中去理解才具有意义；社会基本矛盾源于人与自然之间、人与人之间的矛盾，因此社会基本矛盾就在人的活动之内，而不处于人的活动之外；各个社会形态也是由于人的历史活动构筑而成。对此，马克思曾明确指出："历史什么事情也没有做，它'不拥有任何惊人的丰富性'，'它没有进行任何战斗'！其实，正是人，现实的、活生生的人在创造这一切，拥有这一切并且进行战斗。并不是'历史'把人当作手段来达到自己——仿佛历史是一个独具魅力的人——的目的。历史不过是追求着自己目的的人的活动而已。”①

历史是追求着自己目的的人的活动，那么创造历史的人到底指谁？他们又如何创造历史？马克思认为“创造历史的人”并不特指“由少数人组成的”，“有教养的”②有产阶级及其智囊团，而是泛指一切对社会历史起推动作用的人民群众。利益则是人民群众历史活动背后的驱动因素。这样，对于唯物史观的理解就从“现实的人”创造历史进展为“人民群众”由于物质利益的推动在具体的实践活动中创造历史。处于一定生产方式中的“人民群众”从生产自己的物质生活本身出发，推动物质生产方式的发展及变革，并在这一过程中不断印证自己的主体地位，发展自己的主体力量。

综上所述，唯物史观实际上是从“人的活动”和“活动着的人”两个视角审视社会历史发展的。从“人的活动”出发审视历史，唯物史观透视了社会历史的动态结构，揭示了在社会基本矛盾运动推动下，人类社会前行的历史过程和历史规律；从“活动着的人”审视历史，唯物史观发现了人民群众在历史发展中的决定作用。需要注意的是，这两个视角是相辅相成、完全一致的。社会历史发展规律是在人民群众追求自身需要和利益的历史活动中呈现出来的，人民群众在实践中创造的经验，反映了历史发展的客观规律，代表了社会进步的方向。社会发展与人的

① 《马克思恩格斯文集》第1卷，人民出版社2009年版，第295页。

② 《马克思恩格斯文集》第1卷，人民出版社2009年版，第287页。

发展紧紧结合在一起,社会发展最终以人的解放和人的全面自由发展为指归。只看到前者,忽略后者,或者只看到后者,而忽略前者,会将唯物史观引向“人学空场”或“社会无规律”的错误中去。对于二者的统一,恩格斯指出:“正像达尔文发现有机界的发展规律一样,马克思发现了人类历史的发展规律”①,而历史规律就是“人们自己的社会行动的规律”②。

中国共产党抓住了马克思唯物史观的精髓和核心,将马克思主义社会发展与人的发展内在统一思想由理论逐步落实到现实生活中,在发展经济的过程中不断促进人民当家作主,不断促进人民生活水平的提高。在社会主义建设初期,以毛泽东同志为主要代表的中国共产党人在探索社会主义工业化建设的过程中,将人民视为依靠力量,并将全心全意为人民服务确立为党的根本宗旨。以邓小平同志为主要代表的中国共产党人提出“三个有利于”理论,以江泽民同志为主要代表的中国共产党人提出“三个代表”重要思想,都是进一步将发展生产力和满足人民群众日益增长的物质文化生活需要结合起来,将社会发展和实现人民群众的根本利益结合起来。以胡锦涛同志为主要代表的中国共产党人明确指出,只有将经济社会发展和人的全面发展统一起来,才是科学发展观。可以看出,唯物史观在中国化的过程中形成的中国特色社会主义理论体系都内蕴着历史发展的规律性和目的性相统一的理论逻辑,只是由于社会发展阶段的限

① 《马克思恩格斯选集》第3卷,人民出版社1995年版,第776页。

② 《马克思恩格斯选集》第3卷,人民出版社1995年版,第634页。

制，各自呈现出的侧重点不同。

以人民为中心建设新时代政德体系，与毛泽东的为人民服务、群众路线的观点，邓小平的“三个有利于”思想，江泽民的“三个代表”重要思想，胡锦涛的科学发展观一脉相承，都以唯物史观基础上社会发展与人的发展的内在统一为理论依据。这一点集中体现在习近平新时代中国特色社会主义思想的两个论断中，一个论断是“明确新时代我国社会主要矛盾是人民日益增长的美好生活需要和不平衡不充分的发展之间的矛盾，必须坚持以人民为中心的发展思想，不断促进人的全面发展、全体人民共同富裕”①，另一个论断则是“以人民为中心的发展思想，不是一个抽象的、玄奥的概念，不能只停留在口头上、止步于思想环节，而要体现在经济社会发展各个环节”②。从这两个论断的统一中去审视，以人民为中心实际上就是将经济社会各环节的发展与“不断促进人的全面发展、全体人民共同富裕”相统一，将“促进人的全面发展、全体人民共同富裕”作为经济社会发展的目的和归宿。以此为指归和标准去建设新时代政德。在遵循唯物史观理论逻辑的基础上，以人民为中心建设新时代政德体系还必须与时俱进，创新马克思主义唯物史观理论。创新突出表现在以人民为中心的整体性中。以人民为中心是要在坚持用

① 习近平：《决胜全面建成小康社会　夺取新时代中国特色社会主义伟大胜利——在中国共产党第十九次全国代表大会上的报告》，人民出版社2017年版，第23页。

② 《习近平总书记系列重要讲话读本（2016年版）》，学习出版社、人民出版社2016年版，第129页。

更加健全的制度体系保证人民当家作主的基础上,正确理解人民的历史决定地位,"依靠人民创造历史伟业",党员干部要和人民一起共创中国特色社会主义发展成果;在与人民群众共创中国特色社会主义发展成果的基础上,党员干部要以"在发展中保障和改善民生"为己任,让人民群众共享中国特色社会主义发展成果;在与人民群众共享中国特色社会主义发展成果的基础上,党员干部要"倾听群众呼声,反映群众诉求",保障人民群众共同参与国家事务与社会事务的治理;在打造共建共享共治的国家治理格局的基础上,积极追求中华民族伟大复兴的实现。显而易见,当下政德建设的目标是为人民谋复兴、谋幸福、谋发展,并以"共创""共享"和"共治"三条路径为这一主题的实现服务。"共创"是前提,从根本上回答了发展"依靠谁"的问题,体现了中国共产党对人民创造历史的地位与作用的深刻认识,对人类社会发展规律的科学把握;"共享"是核心,从根本上回答了"发展成果由谁享有"的问题,体现了中国共产党立党为公、执政为民的政治灵魂;"共治"是特色,既体现了发展"为了谁"的问题,也体现了发展"依靠谁"的问题,体现了中国特色社会主义的内在要求与优越性。可见,以人民为中心建设新时代政德体系,以唯物史观为理论依据,充分体现了中国共产党对唯物史观的睿智理解与灵活运用。

(二)历史依据

论及一个体系的历史逻辑前提,是要从历史经验教训的角度去说明其必然性和正确性。新时代的政德建设要以人民为中心，实际上这一思想在历代中国共产党人领导中国人民追求中华民族伟大复兴的过程中均有不同程度的体现。因此，探索以人民为中心的新时代政德体系的历史依据，就要纳入中华民族伟大复兴的进程中，即进入中华民族“从站起来、富起来到强起来的伟大飞跃”进程中，从历史经验教训的高度，去回答为什么要坚持以人民为中心建设政德体系。如此，才能让干部群众感受到以人民为中心的政德体系建设的历史必然性。

只有创造过辉煌的民族，才懂得复兴的意义；只有经历过苦难的民族，才对复兴有深切的渴望。中国是一个有着5000多年文明史的国家，在历史上曾长期走在世界前列，为全人类作出过卓越贡献。然而近代以后，由于西方列强的入侵和封建统治的腐败，中国逐渐沦为半殖民地半封建社会，中华民族遭受到了前所未有的苦难。但中国人民没有屈服，而是挺起脊梁，奋起抗争，进行了一场场气壮山河的斗争，谱写了一首首可歌可泣的史诗。然而从鸦片战争到五四运动近80年间，中国社会各阶级、各阶层和各种政治力量力图挽救中国于危亡中的各种革命活动都以失败而告终。究其原因，在于没有科学的理论作指导，没有先进的阶级来领导，未能围绕中国社会所面临的迫切问题提出正确的纲领并发动人民群众，没有得到广大人民群众的拥护和支持。

为了实现民族复兴，几代人上下求索，亿万人魂牵梦萦，奋斗不屈的中国人民在黑暗中艰难前行。谁能够承担起中华民族伟大复兴的历史使命,谁就能赢得中国人民的衷心拥护,成为中华民族的主心骨。在马克思列宁主义同中国工人运动的结合过程中,中国共产党应运而生。中国共产党一经成立,就义无反顾肩负起实现中华民族伟大复兴的历史使命。从上海石库门和嘉兴南湖出发,我们党带领中国人民进行 28 年浴血奋战,完成了新民主主义革命,建立了中华人民共和国,实现了人民当家作主。毛泽东同志庄严宣布:“中国人从此站立起来了。”①中国人民在追求独立、上下求索、创造历史的实践过程当中得到锻炼,并从中产生出自己的领导核心——中国共产党。在中国共产党的领导、组织和带领下,人民群众的力量得以凝聚,意志得以加强,从而在坚定的革命斗争中站立起来。

(三)实践依据

论及一个思想体系的实践依据,是要从目标任务和实践要求的角度说明其必要性。中国特色社会主义进入新时代,这一新的历史发展方位要求我们正确理解并切实解决我国社会发展的主要矛盾,而满足人民对美好生活的需要是解决这一主要矛盾的关键。为了更好更准更快地解决主要矛盾,需要进行新的伟大实践、贯彻新发展理念、推进党的建设新的伟大工程。以人民为中心的政德建设的实践依据就体现在我国历史方位和社会主要矛盾变化的目标任务和实践要求中。

---

① 《毛泽东文集》第 5 卷,人民出版社 1996 年版,第 342 页。

国家和民族要振兴，就必须在历史前进的逻辑中前进，在时代发展的潮流中发展。中国共产党根据中国特色社会主义发展实际，根据历史交汇期新的奋斗目标，根据国际国内环境发生的新变化，作出中国特色社会主义进入了新时代的重大政治论断。这一重大政治论断顺应时代潮流、把握时代特点、回答时代课题，彰显了中国共产党与时俱进的先进本色，以及把握历史规律和历史趋势的高度自觉。中国特色社会主义进入新时代，面对的矛盾和问题发生了深刻变化，发展任务、工作条件、工作对象发生了深刻变化，对我们党执政能力和领导水平的要求也发生了深刻变化。这些深刻变化具体反映在我国社会主要矛盾问题上，就是社会生产和社会需求两个方面的情况都发生了变化。就社会需求来说，改革开放以来，我国人民生活水平不断迈上新台阶，随着人民生活水平不断提高，人民群众的需求呈现多样化多层次的特点，期盼有更好的教育、更稳定的工作、更满意的收入、更可靠的社会保障、更高水平的医疗卫生服务、更舒适的居住条件、更优美的环境、更丰富的精神文化生活，人民群众的民主、公平、法治、参与、监督、维权等意识在不断增强。这说明，人民群众的需要在领域和重心上已经超出物质文化的范畴和层次，只讲“物质文化需要”已经不能真实全面反映人民群众的愿望和要求。就社会生产来说，经过改革开放 40 多年的发展，我国社会生产力水平总体上显著提高，社会生产能力在很多方面进入世界前列。我国长期所处的短缺经济和供给不足状况已经发生根本性改变，再讲“落后的社会生产”已经不符合实际。现如今，影响满足人民美好生活需要的问题主要是发展不平衡不充分问题，其他问题归根结底都是由此造成和派生的。发展不平衡主要指“各区域各领域各方面发展不够平衡，存在‘一条腿长、一条腿短’的失衡现象，制约了整体发展水平提升”①。发展不充分主要指“一些地区、一些领域、一些方面还存在发展不足的问题，发展的任务仍然很重”②。发展不平衡不充分问题相互掣肘，带来一些社会矛盾和问题，是现阶段各种社会矛盾和问题交织的主要根源。如今，不平衡不充分的发展已经成为社会的主要矛盾，制约发展全局，因此必须下功夫去认识和解决。正是基于这种经济社会发展情况的根本性变化，党的十九大将我国社会主要矛盾的表述修改为“人民日益增长的美好生活需要和不平衡不充分的发展之间的矛盾”③。

中国特色社会主义进入新时代，我国社会主要矛盾发生变化，对党和国家工作提出了新要求。要围绕社会主要矛盾展开工作，要进行新的伟大实践，要贯彻新发展理念，要推进新时代党的建设新的伟大工程等，以人民为中心既是上述实践的直接成果，同时也是其价值指归。

---

① 《习近平新时代中国特色社会主义思想三十讲》，学习出版社 2018 年版，第 69 页。

② 《习近平新时代中国特色社会主义思想三十讲》，学习出版社 2018 年版，第 69 页。

③ 习近平：《决胜全面建成小康社会　夺取新时代中国特色社会主义伟大胜利——在中国共产党第十九次全国代表大会上的报告》，人民出版社 2017 年版，第 11 页。

1. 满足人民对美好生活的需要是解决社会主要矛盾的关键

我国社会主要矛盾发生深刻变化，从“物质文化需要”到“美好生活需要”，从解决“落后的社会生产”问题到解决“不平衡不充分的发展”问题，指明了当下党和国家事业发展的根本着力点，是在推动发展的基础上着力解决好发展不平衡不充分的问题，以更好地满足人民对美好生活的向往。人民群众需求的变化，必将对我国社会发展全局产生广泛而深刻的影响。只有牢牢把握人民群众对美好生活的向往，才能针对我国社会主要矛盾的变化提出新思路、新战略和新举措；只有坚持在发展中保障和改善民生，解决好群众最关心的现实利益问题，才能促进社会公平正义，使人民更有获得感、幸福感和安全感。

2. 新时代进行伟大实践要依靠人民力量

波澜壮阔的中华民族发展史是中国人民书写的，博大精深的中华文明是中国人民创造的，中华民族迎来从站起来、富起来到强起来的伟大飞跃是中国人民奋斗出来的。新时代，要继续夺取中国特色社会主义伟大胜利，逐步实现全体人民共同富裕，奋力实现中华民族伟大复兴的中国梦，并不断为全人类作出更大贡献，还有很多“雪山”“草地”需要跨越，更有不少“娄山关”“腊子口”需要征服。因此必须在新时代继续凝聚全体中华儿女的磅礴力量，接续奋斗、砥砺前行；必须坚持把尊重社会发展规律与尊重人民历史主体地位统一起来，紧紧依靠人民创造伟业，不断为人民造福。

3. 贯彻新发展理念要以人民共享发展成果为指归

随着我国社会主要矛盾的变化，发展的内涵和重点、理念和方式、环境和条件、水平和要求和过去都有很大不同。这就要求贯彻落实新发展理念，针对发展不平衡不充分问题提出新的思路、战略和举措，努力实现更高质量、更有效率、更加公平、更可持续的发展。新发展理念以创新作为引领发展的第一动力，以协调作为持续健康发展的内在要求，以绿色作为永续发展的必要条件，以开放作为繁荣发展的必由之路，以共享作为发展的价值指归。让广大人民群众共享改革发展成果是中国特色社会主义的本质要求。这方面问题解决好了，全体人民推动发展的积极性、主动性、创造性才能充分调动起来，国家发展也才能具有最深厚的伟力。因此，树立共享发展理念实际上就是以人民为中心的体现。

4. 为中国人民谋幸福、为中华民族谋复兴的初心和使命是党自我革命的内在动力

办好中国的事情，关键在党。解决社会主要矛盾，要切实发挥党的建设新的伟大工程的决定性作用，凝聚起全党全国各族人民团结奋斗的强大力量。要解决社会主要矛盾，进而把新时代坚持和发展中国特色社会主义这场伟大社会革命进行好，我们党必须勇于进行自我革命，从严管党、治党。而我们党之所以有自我革命的勇气，是因为我们党始终不忘初心、牢记使命，坚持为中国人民谋幸福，为中华民族谋复兴。除了国家、民族、人民的利益，我们党没有任何自己的特殊利益。不谋私利才能谋

根本、谋大利，才有资格、有底气敢于直面问题、勇于自我革命。相较于党所承担的满足人民群众美好生活需要的历史使命来说，我们党的执政能力和服务水平还有待提高。这就要求继续坚持以人民为中心推动服务型政党建设，“把党建设成为始终走在时代前列、人民衷心拥护、勇于自我革命、经得起各种风浪考验、朝气蓬勃的马克思主义执政党”①。

理论源于实践，并在历史的发展中得到检验和升华。政德建设要以人民为中心是以唯物史观为理论依据，汲取中华民族在站起来、富起来到强起来的伟大实践中所积累的历史经验，根植于新时代中国特色社会主义建设伟大实践，有着深刻的理论依据、深厚的历史依据和鲜明的实践依据，是具备真理性和科学性，经得起实践、人民和历史考验的。我们党要乘着新时代的浩荡东风，让政德建设上一个新台阶，必须以人民为中心，坚守人民立场，凝聚人民力量。

二、以人民为中心建设政德体系的主要内容

2018 年 3 月全国两会期间，习近平总书记在参加重庆代表团审议时，立足于新时代，对党员干部提出了具有科学性和系统性的政治要求：立政德，就要明大德、守公德、严私德。习近平总

① 习近平：《决胜全面建成小康社会　夺取新时代中国特色社会主义伟大胜利——在中国共产党第十九次全国代表大会上的报告》，人民出版社 2017 年版，第 17 页。

书记关于政德建设的重要论述,既是在汲取传统民本思想精髓要义的基础上提出的要求,又是根据当下政德领域面临的问题提出的重要论述,还是深刻体现当下中国治国理政新理念新思想新战略的理论精髓。深刻领会习近平总书记关于政德建设的重要论述具有重大意义,对于准确把握和全面贯彻习近平新时代中国特色社会主义思想,凝聚起实现"两个一百年"奋斗目标、实现中华民族伟大复兴中国梦的磅礴力量具有十分重要的意义。上面一部分内容我们论述了政德建设为什么以人民为中心,这里,我们以习近平总书记关于政德建设的重要论述为根本遵循,简要阐释以人民为中心的政德建设有哪些方面的主要内容。

首先,大德。大德是政德建设中最根本的内容,是对马克思主义的信仰,对共产主义和中国特色社会主义的选择和信念,对党和人民的忠诚。明大德,就是要铸牢理想信念、锤炼坚强党性,在大是大非面前旗帜鲜明,在风浪考验面前无所畏惧,在各种诱惑面前立场坚定。对领导干部的政德来说,明大德意味着树立自觉的政治信仰,补足"精神之钙",而要树立正确的政治信仰必须要对马克思主义做到真懂真信。这主要体现在以下几个方面:在世界观层面,要坚持实践基础上的思维和存在关系的统一,坚持世界统一于物质的唯物主义世界观,并认识到人类思维和客观世界遵循的都是辩证运动规律,因此人类思维可以认识世界的发展规律;在历史观层面,要坚持社会存在决定社会意识的基本原理,认识到人类历史的发展规律,认识到资本主义必然要被社会主义所取代的规律;在真理观和价值观层面,要认识到人类历史的发展规律和人民的选择是一致的,人民的利益是做取舍的根本标准。真正做到理论上的自觉和清醒才能使理论成为信仰,才能使政治立场更加坚定。而衡量领导干部政治立场是否坚定,关键看党性修养。党员干部只有将思想自觉、政治自觉与行为自觉有机统一起来,才是真正具备了党性修养。因此,明大德要求领导干部加强马克思主义理论学习,自觉形成政治信仰,并加强党性修养,始终坚持对党绝对忠诚的政治品格。

其次,公德。公德,即公职人员行政之德,是政德建设中对领导干部行政道德的核心要求,具体来说就是要强化宗旨意识,全心全意为人民服务,恪守立党为公、执政为民理念,自觉践行人民对美好生活的向往就是我们的奋斗目标的承诺,做到心底无私天地宽。领导干部的“公”指的是公心,即是说领导干部的行政使命是为人民谋幸福。习近平总书记强调,为人民谋幸福,是中国共产党人的初心。我们要时刻不忘这个初心,永远把人民对美好生活的向往作为奋斗目标。为人民谋幸福,生动诠释了政德建设的终极指向和根本要求,从根本上回答了领导干部的行政使命是为了谁的问题,是立党为公、执政为民的生动体现,是中国共产党人始终坚守的政治灵魂和精神支柱。坚持公心,就是习近平总书记所指示的“坚持以人民为中心”,“不断促进人的全面发展、全体人民共同富裕”。① 那么,为什么要守公

① 习近平:《决胜全面建成小康社会　夺取新时代中国特色社会主义伟大胜利——在中国共产党第十九次全国代表大会上的报告》,人民出版社2017年版,第23页。

德呢？这要诉诸党员干部权力的公共性。在社会主义社会，权力来自于人民，领导干部的权力本源为公权。因此，所有公职人员归根结底是人民公仆，要为公共利益服务，而不能有自己的特殊利益。在这个意义上，守公德就意味着树立正确的权力观，所有公职人员都必须牢牢把握“为了谁，依靠谁，我是谁”的问题，时刻牢记权力为人民所用，做到为官一任，造福一方。领导干部守住公德的外延表现为优秀的工作作风，这引导政德体系建设，还要树立为人民谋幸福的政绩观，使领导干部深刻认识到人民是行政工作的最高裁决者和最终评判者，人民满意是行政工作是否成功的标尺。当年党中央从西柏坡进京执政时，毛泽东将其比喻成“进京赶考”，将考官确认为人民群众，将考试答案确定为人民满意。习近平总书记在庆祝建党95周年大会上的讲话中重提这一典故，并强调进京赶考永远在路上。习近平总书记指出，时代是出卷人，我们是答卷人，人民是阅卷人。可见，习近平总书记极度重视人民群众作为评价主体的地位，他指出：“人民是我们党的工作的最高裁决者和最终评判者。如果自诩高明、脱离了人民，或者凌驾于人民之上，就必将被人民所抛弃。”①进而，习近平总书记又将人民的满意度和获得感确认为检验一切发展政策与成效的根本标尺，强调继续坚持为人民谋利益的政绩观，将为人民干事创业的考核评价工作系统化、制度化。无论是制定政策，出台规范，还是评选评比，考核表

① 习近平：《在纪念毛泽东同志诞辰120周年座谈会上的讲话》，《人民日报》2013年12月27日。

彰，都要注重群众评价，以此增加群众的话语权和评判权。他还强调，这绝不是走过场，必须具有约束力，要经常看一看党的工作是否体现群众意愿，是否经得起实践、人民和历史的检验。

最后，严私德。私德，是领导干部个人品行之德，是政德建设中不可逾越的底线标准。严私德，就是要严格约束自己的操守和行为。领导干部要严格管理私德，就必须树立正确廉政观。习近平总书记曾经就为官底线的问题指出："廉洁自律是共产党人为官从政的底线。我经常讲，鱼和熊掌不可兼得，当官发财两条道，当官就不要发财，发财就不要当官。要始终严格要求自己，把好权力关、金钱关、美色关，做到清清白白做人、干干净净做事、坦坦荡荡为官。"①只有为官清廉才能取信于民，只有秉公用权才能赢得人心。特别要指出的是，为官清廉不仅要求在经济上保持廉洁，还要求在政治上保持清正，即领导干部做事要公道正派，保证权为民所用。领导干部要严格管理私德，还必须善于多积尺寸之功。对此，习近平总书记指出小事小节是一面镜子，小事小节中有党性、有原则、有人格。要牢记"堤溃蚁孔，气泄针芒"的古训，坚持从小事小节上加强修养，从一点一滴中完善自己，严以修身，正心明道，防微杜渐，时刻保持人民公仆本色。同时，领导干部要严格管理私德，还必须树立正确的家庭观。习近平总书记强调："领导干部的家风，不是个人小事、家

① 中共中央文献研究室编：《十八大以来重要文献选编》（中），中央文献出版社 2006 年版，第 326 页。

庭私事，而是领导干部作风的重要表现。”①严私德，要把家风建设摆在重要位置，廉洁修身，廉洁齐家，防止“枕边风”成为贪腐的导火索，防止子女打着自己的旗号非法牟利，防止身边人把自己“拉下水”。

明大德，守公德，严私德指明了新时代政德建设的基本方向。其中，明大德是根本，强调领导干部坚定理想信念、提高党性修养、增强辨别是非的能力；守公德是原则，强调领导干部要坚持初心与使命，强化宗旨意识，勇于承担责任；严私德是基础，强调领导干部防微杜渐、戒贪止欲、廉洁修身。三者相互贯通、无法割裂，构成一个层次分明又相互依赖的有机整体。

① 《开展“三严三实”专题教育　争做“三严三实”好干部》，人民出版社2015年版，第55页。

第五章　传承与超越:当代政德建设的民本之魂与民本镜鉴

中国特色社会主义进入新时代,以人民为中心是政德建设的核心和主旨,不能以人民为中心,理想信念和行为风范都会失去基础,政德体系的建设也会失去灵魂。而当下以人民为中心的政德体系的造就,与我们的传统是不可分离的。古代社会遗留下来的厚重的民本思想为我们建构当代政德体系提供了滋养。正如马克思所说,人们创造自己的历史总是在“直接碰到的、既定的、从过去继承下来的条件下创造”①。也正如社会学家波波夫、休休卡洛夫所说,“传统是社会的一种自然机制,借助它各代人互相联系起来,并将前代人的经验传递给后代人”②。我们建设自己的政德体系需要在中国自己的文化传统

① 《马克思恩格斯选集》第1卷,人民出版社1995年版,第585页。

② ［苏］波波夫、休休卡洛夫:《社会认识与管理》,思想出版社1983年版,第256页。

的体系下创造,传统民本思想的理论精髓是当代政德体系建设中重要的一环。传统民本思想的理论精髓有两个方面,一个方面是以民为本的理念及其所统摄下的政在养民的方针和措施,另一个方面则是其中所蕴含的贤能政治思路,即“内圣外王”的道德型政治路线,其关键则在于官员的道德养成和发挥。传统民本思想的这两方面理论精髓,为当代政德建设提供了可资借鉴的文化资源。当然,我们在挖掘传统民本思想的理论精髓,并促使其转化开新的同时,也必须对其进行理论审视和评价,并在此基础上总结古代官德的缺失,并以此为鉴。这样,我们才能真正地从传统民本思想中不断汲取营养,将传统民本思想的理论精髓转化为当代政德体系建设的源头活水,也才能在规避和检讨的基础上不断实现传统民本思想的理论开新,从而促使传统民本思想成为不断扩大当代政德体系道德文化之内蕴的一种来源。

第一节　当代政德建设的民本之魂

梁启超曾说:“我国有力之政治理想,乃欲在君主统治之下,行民本主义之精神。此理想虽不能完全实现,然影响于国民意识者既已甚深,故虽累经专制摧残,而精神不能磨灭。”①传统

① 梁启超:《先秦政治思想史》,东方出版社2014年版,第5页。

民本思想作为中华民族历史认知的深刻积淀，为我国政治文化与社会心态的形成提供理论资源，为中华民族生生不息、发展壮大提供丰厚滋养。正是基于这种历史联系，当代政德体系建设需要选择性地汲取传统民本思想的历史养分，并基于现实境遇和理论自洽实现对传统民本思想的传承与升华。需要注意的是，传承的过程就是创新的过程，传承与创新是一体两面，而不是相互分离的。因此，本章节的内容不能只分析传统民本思想对于当下政德体系建设的有益因素，还必须去分析当下我国社会主义政治建设，尤其是政德建设对于传统民本思想中的有益因素的吸收和改造。

一、传承重民思想

传统民本思想提倡"民为贵"，认为"得乎丘民而为天子"(《孟子·尽心下》)；又提倡"天人合一"，认为人与天地万物为一体，天道与人道同一。《尚书·泰誓》曰："天视自我民视，天听自我民听。"孟子曾引用这句话表达自己的政治观点，认为天人贯通，民由天生，拥有民心的君主才能得到上天的承认。《管子·牧民》中也提到："政之所兴在顺民心，政之所废在逆民心。"这些政治话语虽然隐晦，既没有明确否认天命观，也没有从理论层面肯定民众的主体地位，更没有达到群众史观的高度，但其中已经蕴含"民存则君存，民安则国安"的规律。

中国共产党自觉秉承历史的启示，继承传统民本思想"民为贵”的理念，始终强调党要“保持对人民的赤子之心”。在庆祝中国人民政治协商会议成立65周年大会上的讲话中，习近平总书记引用了《管子》中“政之所兴在顺民心，政之所废在逆民心”这句话，说明民心与执政相辅相成的关系。据此，习近平总书记鲜明地指出：“一个政党，一个政权，其前途命运取决于人心向背。人民群众反对什么、痛恨什么，我们就要坚决防范和纠正什么。”①“民心”问题是党执政的根本问题，必须始终坚持人民的主体地位，坚持发展为了人民、发展依靠人民、发展成果由人民共享、发展成效由人民检验。这无疑是党和国家立足于实践维度对传统民本思想“民为贵”理念的当代阐释。除了民心问题，习近平总书记还在党的群众路线教育实践活动第一批总结暨第二批部署会议上的讲话中引用《史记·殷本纪第三》中的“人视水见形，视民知治不”，来说明人民对于执政的重要性。他引用这句话，把人民比喻成可以照见治乱的水，警示党员干部不管是党的群众路线教育实践活动还是其他更多工作，必须让群众参与、受群众监督、请群众评判，多照照群众这一面镜子，多比比群众这一把尺子，才能真正回答好“依靠谁，为了谁”的问题。

传统民本思想的提出和发展得益于历代思想家关注社会现实与阶级矛盾，考察社会兴衰治乱，总结兴邦治国的经验和规

① 习近平：《决胜全面建成小康社会　夺取新时代中国特色社会主义伟大胜利——在中国共产党第十九次全国代表大会上的报告》，人民出版社2017年版，第61页。

律。比如,周公把天命和民情联系起来,以民情视天命,是以武王伐纣时牧野之倒戈为鉴;贾谊提出民乃“万世之本”,则与汉朝初期民穷国困、百业待兴的社会大环境密切相关。再如,“以民为镜”论的历史嬗变——从“人视水见形,视民知治不”(《史记·殷本纪》)到“以人为镜,可以明得失”(《旧唐书·魏徵传》),说明传统民本思想的完善既在于立足现实,又在于总结历史。传统民本思想源远流长,在漫长的历史文明中不断自我纠错和自我修复,不仅没有在王朝的兴衰更迭中淘汰,还在其中发挥了重要作用。其立足现实条件与善于总结历史经验的特征为我国的政德建设提供了深层的逻辑支撑与方法指导。我国政德建设对于“重民”思想的传承与创新也是建立在中国共产党100年的奋斗史基础上的。党的百年奋斗史,党旗上始终铭刻“人民”二字,我们党才获得深厚的土壤与不竭的动力。从推出淮海战役胜利的手推车,到白山黑水间“我为祖国献石油”的激情,从“大包干”契约上按下的红手印,到“汶川一代”“鸟巢一代”展现的公民意识,人民成为革命、建设和改革的动力之本和智慧之源。党在深入群众、深入实际的反复实践检验中深刻地认识到“人民主体论”的真理性,并结合新时代的中国实际,提出人民是决定党和国家前途命运的根本力量,要依靠人民创造历史伟业。可见,中国共产党重视传统民本思想中的重民理念,深刻认识到人民的基础地位和决定性作用,并在百年的奋斗中加深了这种认识,也始终着力于传承传统民本思想中的重民理念,将其作为当代政德建设的价值指引,并在建设和改革的过程中开显出“保持对人民的赤子之心”“依靠人民创造伟业”等全新意涵。

二、传承爱民思想

据《晏子春秋·内篇·问下》记载，叔向向晏子请教：“什么样的品德才是高尚的？什么样的行为才是宽厚的？”晏子回答：“没有比爱护百姓更高尚的品德，没有比让百姓快乐更宽厚的行为。”又问：“什么样的品德是低劣的？什么样的行为是卑贱的？”晏子答：“没有比苛待百姓更低劣的品德，没有比祸害百姓更卑贱的行为。”“德莫高于爱民，行莫贱于害民”（《晏子春秋·内篇·问下》）。晏子此言深刻地阐释了传统民本思想中对于正己爱民的官德的推崇。西汉经学家刘向的民本思想则重申了爱民主张，并将其体系化了。他不仅阐释了爱民是治国之道，而且对如何爱民给予了界说。他指出：“善为国者，遇民如父母之爱子，兄之爱弟，闻其饥寒为之哀，见其劳苦为之悲”（《说苑·政理》）。这段话源自《太公六韬·文韬·国务》，是姜太公对周文王说的，然而原话却是“善为国者，驭民如父母之爱子……”刘向将“驭”字改为“遇”，足见其深意。爱民主张在后续发展中得以延续，并常见于历代官员的政见表达和情怀抒发，如北宋苏辙在《上皇帝书》中劝谏宋神宗“去民之患，如除腹心之疾”，意在让皇帝推己及人，与民同忧，设身处地为百姓着想，将百姓疾苦提升到腹心之疾的高度；如明代名臣于谦在《咏煤炭》中以煤炭自喻，托物言志，一句“但愿苍生俱饱暖，不辞辛苦出山林”抒发了自己为百姓苍生甘愿献身的精神；再如清代郑燮的诗“衙斋卧听萧萧竹，疑是民间疾苦声；些小吾曹州县吏，一枝一叶总关情”，听风竹之声，就联想到百姓疾苦，爱民之心、勤政之意跃然纸上。以上几则示例不仅勾勒了古代民本思想的走向，还常见于习近平总书记的重要讲话中，为我们研究当代政德体系建设对古代民本思想的传承指明了方向。

习近平总书记多次引用以上典故，一方面抒发自己对千万贫困人口的牵挂，另一方面勉励党的干部为官一任就要造福一方，手握公权就要为民办事。我国当下对传统民本思想的传承主要就体现在对政德的强调中。对于党员干部来说，道德标准就是爱人民，为人民服务。“领导干部是人民的公仆，人民是领导干部的主人。这个关系在任何时候都不容颠倒。如果不把人民群众当主人，不愿躬身做‘仆人’，那就不配当一名领导干部。”①树立政德，一方面要破除官本位思想，始终坚持党的根本宗旨和群众工作路线，同人民群众保持血肉联系，把智慧奉献于人民，力量根植于人民、情感融汇于人民；另一方面要干在实处，走在前列，以“天下大事，必作于细”的态度抓实做细民生工作，努力办实每件民生小事。

党的政德标准、爱民情怀，概括地体现在“为中国人民谋幸福、为中华民族谋复兴”的初心使命观上。党的初心使命观是

---

① 《习近平用典》，人民日报出版社 2015 年版，第 15 页。

对传统民本思想的传承与创新。对中国来说，实现国家富强、民族振兴、人民幸福凝聚着几代中国人民的夙愿，中国共产党一经成立，就把实现共产主义作为党的最高理想和最终目标，义无反顾地肩负起国家富强、民族振兴、人民幸福的历史使命。从上海石库门和嘉兴南湖出发，在百年波澜壮阔的历史进程中，我们党都初心不改，矢志不渝，领导中国人民进行了艰苦卓绝的斗争，取得了举世瞩目的辉煌成就。行百里者半九十。在中国特色社会主义进入新时代后，国家富强、民族振兴、人民幸福的伟大梦想的实现必须准备付出更为艰苦的努力。人民的生活需要日益广泛，不仅从更高层次和更高水平对物质文化生活提出了要求，而且在公平、正义、民主、法治，甚至是安全、环境等各方面也提出了更多要求。习近平总书记提出中国共产党人必须坚定不移地践行为中国人民谋幸福、为中华民族谋复兴的初心与使命，始终发挥时代先锋与民族脊梁的历史作用。他多次强调“不忘初心，牢记使命”“革命理想高于天”“不要丧失了革命精神”等，就是要把“为中国人民谋幸福、为中华民族谋复兴”伟大社会革命一以贯之地推进下去。在此基础上，习近平总书记又进一步指出实现国家富强、民族振兴、人民幸福的伟大梦想，必须进行伟大斗争、建设伟大工程、推进伟大事业。把伟大斗争、伟大工程、伟大事业、伟大梦想作为一个统一整体提出来，是一个重大理论创新，体现了人民的主体地位和幸福生活是与党的前途命运、国家的前途命运和民族的前途命运牢牢结合在一起的。

三、传承利民思想

传统民本思想认为实现国家安定的关键,就在于使百姓安居乐业;而要让百姓安居乐业,就必须体察人民疾苦,并以富民、惠民、利民、养民、恤民等民生政策将以民为本落到实处。民本联系民生,民生联系民心,民心则关乎国运,因此民本思想的一大特色就是提倡治政之要在于安民,安民之要在于富民。从"凡治国之道,必先富民""民富则安乡重家"(《管子·治国》)到"因民之所利而利之"(《论语·尧曰》),从程颐、程颢提倡"劝农桑""禁游浮"到王安石主张实施均输法、方田均税法、农田水利法等,无不体现传统民本思想"省劳费,去重敛,宽农民"的民生情怀。利民思想到明清时期得以理论化发展,黄宗羲倡导"不以一己之利为利,而使天下受其利;不以一己之害为害,而使天下释其害",将利民思想中的"民有"及"民享"的精髓发挥出来;万斯大主张"利民之事,丝发必兴;厉民之事,毫末必去",钱泳主张"天下之事,有利于民者,则当厚其本,深其源;有害于民者,则当拔其本,塞其源",将利民之举以更加深刻的方式表达出来。值得注意的是很多研究者在研究传统民本思想的利民观点时,常认为传统民本思想只是强调对于民众基本物质需要的满足,并不涉及更高层面的需要。但这实际上是一种误解。我们前面曾说到中国古代的经济是政治领导的,而政治又是一种道德型政治,倡导对最高道德的弘扬。因此传统民本思想中“政在养民”的理念一方面当然包括对于民众物质生活的满足,但也重视对民众的道德教化。笔者认为这种道德并不能仅仅被看作是一种安民驭民的手段,它其中就蕴含着古代强调道德、精神的政治观念。这种对道德、精神的强调不仅见于古代士人群体的道德要求和道德养成,也见于其对于民众道德素养的一种强调。因此,传统民本思想的利民观点并不只是在于富民,即物质条件的满足,也在于传道,即民众精神需求的满足。张载曾言:为官要“为天地立心,为生民立道,为去圣继绝学,为万世开太平”(《张载集·拾遗·近思录拾遗》)。“为生民立道”正体现了政在养民理念对于满足民众精神需求方面的内蕴。需求是物质生活需求和精神生活需求的统一,在基本的物质欲求满足后,人们还有更广泛、更高层次的精神需求。也正是对这一点的深刻认识,造就了中国古代传统轻经济重道德的现实。所以说如果仅仅将民本思想理解为满足民众的物质欲求,那就是对古代民本思想狭隘、片面的理解。

中国传统民本思想中的利民思想随着时代的发展不断深化,并逐渐展现其本身所应具有的价值。很明显,古代民本思想是将富民、惠民、利民、养民、恤民等民生政策作为治国的手段,而中国共产党的政德建设却是将造福人民作为发展的出发点和最终目的。

党的十八大以来,以习近平同志为核心的党中央坚持为政以德,把增进民生福祉作为发展的根本目的提了出来。习近平总书记指出人民群众是发展的主体,也是发展的最大受益者。

如果发展不能满足人民的期待，不能让群众得到实际利益，这样的发展就不仅失去了意义，还得不到持续。他进一步指出："以人民为中心的发展思想，不是一个抽象的、玄奥的概念，不能只停留在口头上、止步于思想环节，而要体现在经济社会发展各个环节。"①首先保障和改善民生要切实。党的十八大以来，我国实施精准扶贫、精准脱贫，加大扶贫投入，创新扶贫方式，扶贫攻坚战取得完全胜利。针对我国脱贫攻坚依然严峻的形势，提出"脱贫攻坚贵在精准""注重扶贫同扶志、扶智相结合"等理念，并一步步解决了"扶持谁""谁来扶""怎么扶""如何退"等关键性问题。其次，切实保障和改善民生，不断促进社会公平正义。习近平引用孔子的名言"不患寡而患不均，不患贫而患不安"和《礼记·礼运》中对"小康""大同"的描述，阐释了为政以德对社会公平正义的要求。习近平总书记曾反复要求要下大力气完善公共服务体系，保障基本民生，让改革成果更多更公平惠及全体人民；要逐步建立以"权利平等、机会平等、规则平等"为主要内容的社会公平保障体系，努力营造公平的社会环境，保障人民平等参与、平等发展的权利。最后，切实保障和改善民生要处理好"尽力而为"和"量力而行"的辩证关系。保障和改善民生，党员干部必须尽力而为，要适应新时代的新变化，按照守住底线、突出重点、完善制度、引导预期的工作思路，采取针对性更强、覆盖面更大、作用更直接、效果更明显的举措。然而也必须看到我

① 《习近平总书记系列重要讲话读本（2016 年版）》，学习出版社、人民出版社 2016 年版，第 129 页。

国仍处于并将长期处于社会主义初级阶段，改善民生决不能脱离这个最大实际提出过高目标，只能根据经济发展和财力做那些可以做到的事情。对此，我们要吸取过度福利化和过度承诺导致效率低下、增长停滞、通货膨胀、收入分配最终恶化的教训。坚持在发展中保障和改善民生，从根本上解决“发展成果由谁享有”的问题，体现出中国特色社会主义的内在要求与优越性。

四、传承天下为公、听政于民理念

对于传统民本思想是否具有民主因素的判断影响着我们这里对于当代政德体系建设传承传统民本思想的分析，如果传统民本思想具备民主要素，这里势必要将民主因素予以分析，并论述当代政德体系建设对其继承。如果我们判断传统民本思想不具备民主要素，那自然这里也就不用分析这层因素了。而传统民本思想中是否具有民主因素，一直是传统民本思想的研究焦点问题之一，且这一争论一直持续至今。陈独秀、冯友兰、任继愈都认为传统民本思想不具有民主因素。梁启超也提出传统民本思想不具备民治理念。萧公权的《中国政治思想史》、萨孟武的《中国政治思想史》、韦政通的《儒家与现代中国》、张分田的《民本思想与中国古代统治思想》中都有此类看法，都认为传统民本思想和近代民主思想中的主权在民思想有很大差距。然而，如熊十力、杨幼炯、胡波等著名学者却持相反意见，认为孔孟是民主论的先驱。笔者本着具体问题具体分析的态度，分别考察了先秦和明清之际的民本思想,得出的初步结论是先秦思想中被认为是民权观念的命题实际上并不具备民主思想的成分,而明清之际的民本思想却蕴含了民主思想的萌芽,然而这一萌芽也裹挟在原本的民本思想框架之中,并不能就说是现代民主要素。而由于本书的讨论范围局限在传统民本思想中,并不包含近代的新民本思想。因此对于传统民本思想基本不包含民主要素的判断也就决定了我们此处的分析并不涉及传统民本思想中的民主因素。由于这里只是需要结论,我们就不作详细阐述了,详细阐述见本书导论研究现状述评。

虽然我们判断传统民本思想并不具备民主要素,但是传统民本思想中却有明确的"天下为公""立法利民""鉴于民意""听政于民"等主张。"天下为公":《论语·泰伯》篇记载孔子语:"魏巍乎,舜禹之有天下也而不与焉!"也就是说多么崇高啊!舜和禹得到天下不是通过夺取。这里包含着否定家天下的思想。《论语》最后一章是《尧曰》,将尧舜及周武王的政治落脚到"公则说(悦)"。墨子更进一步地提出"君,臣萌(氓)通约也"(《墨子·经上》)。这是中国最早的民约论,认为君王是百姓所推举出来的。后来的思想家将孔墨思想合一,在《礼记·礼运》中记载了"公天下"的一段文字:"大道之行也,天下为公……是故谋闭而不兴,盗窃乱贼而不作,故外户而不闭,是谓大同。"成书于战国末期的《吕氏春秋》对此诠释为:"天下,非一人之天下也,天下人之天下也。"意指天下并非天子一人或一家的私产,而是天下人之天下。"立法利民":在先秦思想中,墨子可以说是一位彻底的民本主义者,他提出“凡言凡动,利于天、鬼、百姓者为之”(《墨子·贵义》),这就是说一切以百姓利益作为取舍的标准。在《墨子·非命》篇中,墨子还提出著名的三表法,其中之一就是“发以为刑政,观其中国家百姓人民之利”。由此可见,先秦民本论强调立法的宗旨是为了利民,也即为民众服务。“听政于民”“监于民意”:西周著名的政治家周公在告诫贵族统治者时曾说,“古人有言曰:‘人无于水监,当于民监’”。春秋时期郑国著名政治家子产也很重视民众舆论。在他看来,舆论是不能禁止的,禁止只会带来灾害,正确的做法是加以引导,并把舆论作为检查政治行为得失的镜子。孟子与齐宣王的对话中也对此问题有过讨论。“王曰:吾何以识其不才而舍之?曰:国君进贤,如不得已,将使卑逾尊,疏逾戚,可不慎与?左右皆曰贤,未可也;诸大夫皆曰贤,未可也;国人皆曰贤,然后察之,见贤焉,然后用之。左右皆曰不可,勿听;诸大夫皆曰不可,勿听;国人皆曰不可,然后察之,见不可焉,然后去之。”(《孟子·梁惠王下》)孟子在此把要参考民意和听从民意的思想表述得非常明确,表明政治决策时参考听从民意的重要性。“监于民意”和“立法利民”的命题都是统治者基于君民之间依赖关系的深刻认识,所提出的维护这种依存性的度量线,虽然不能将其归结为治权在民,但也不能仅将其看作一种维护统治的调节手段。

传统民本主义思想中天下为公、立法利民、监于民意、听政于民等观念非常宝贵。毛泽东在深刻认识“人民主体论”的基础上,将“听政于民”“监于民意”等思想进一步现实化,提升为共产党"一切为了群众,一切依靠群众,从群众中来,到群众中去"的群众路线,沿袭了传统民本思想中的精髓。要想真正保障人民的主体地位,真正依靠人民创造伟业,充分认识到群众路线的真理性还不够,还必须建立一套完善的社会主义民主政治,以此保障人民的主体地位。因此,群众路线的基本领导方法和社会主义民主政治是相辅相成的。当代政德建设必须沿着群众路线的真理之路继续前行,坚持用更加健全的制度体系保证人民当家作主。

由于我们首先明确了传统民本思想中不包含民治要素,有的只是听政于民的理念,因此我国当下用更加健全的制度体系保证人民当家作主,就是对传统民本思想的超越,不是我们这里展开的重点。为了保障发展成果更多、更公平地惠及全体人民,就必须在注重制度和法律保障的基础上,兼顾社会治理体制、机制和程序建设,重构一种符合国家治理现代化的,兼具领导、责任、协同、参与、法治、公正、回应等要素的"共治"型治理方式。习近平总书记在中央政法工作会议上指出,要"善于把党的领导和我国社会主义制度优势转化为社会治理效能,完善党委领导、政府负责、社会协同、公共参与、法治保障的社会治理体制,打造共建共治共享的社会治理格局"①。在这一指示指导之下,我国先后创新了社会治理体制机制,促进民主表达渠道的畅通,搭建了民主参与平台,建构了协调治理格局,让更多的主体以更

① 《习近平总书记系列重要讲话读本(2016 年版)》,学习出版社、人民出版社 2016 年版,第 129 页。

加多元的方式参与社会治理，使人民更加公平地享受社会治理成果，也使社会治理效能日益彰显。这实际上是一种“共治”的治理方式，即从治理体制、机制和具体程序上保障了上下互动、各方参与、平等协商。毫无疑问，这是国家权力向公民回归的体现，是对平等价值的强调，是对民主概念的完整勾勒。

五、传承贤能政治思路

传统民本思想中包含贤能政治思路，尤其强调官员的道德素养。经考据，中国是人才思想产生最早的国家。孟子认为“尊贤”是治国之本，指出国家“不用贤则亡”，“不信仁贤，则国空虚”，将能否任用贤才提升至国家存亡的高度。“‘德政’‘礼法’‘选贤’共同构成了传统中国民本社会治理的架构与逻辑”①，其中，贤能政治在古代的社会治理中具有重要的政治功能，如基于民本思想进行政治表达、政治评价、政治劝勉、政治调节等。由于古代基本上是人治社会，礼贤下士、“选贤与能”对于国家的治理至关重要，因此民本思想涉及一套“选贤与能”的程序和方法。孔子主张“始吾于人也，听其言而信其行；今吾于人也，听其言而观其行”（《论语·公冶长》），即听言观行以知人。在知人之后还要讲究用人，然而人无全人，因此传统民本思想主张适才适用、扬长避短、人尽其才。正如魏源所说：“不知

① 张冬利：《从“选贤与能”看儒家民本社会治理秩序的动态平衡》，《海南大学学报（人文社会科学版）》2018 年第 5 期。

人之短,不知人之长,不知人长中之短,不知人短中之长,则不可以用人,不可以教人。”(《古微堂内集·治上篇》)荐举和科举是中国古代主要的人才选拔方式,一方面为朝廷输送了大量贤能之士,以此建立了社会的自我治理机制;另一方面也为人员阶层的流动打开了通道,促进了教育风气的盛行。

选贤是一方面,为官又是另一方面。传统民本思想中有丰富的关于官员道德素养的思想资源,典型代表就是基于宋明理学的为民请命的清官思想。宋朝官僚机构的臃肿催生了官场的无能与腐败,这引起心怀民本大义的思想家的高度关注。先是范仲淹、王安石举行变法,在变法的同时,酝酿和兴起了儒学的改革运动,即“以天立极,扶正人心”的理学。所谓理学,要解决的实际是《大学》的三纲领、八条目提出的问题。三纲领是“大学之道,在明明德,在亲民,在止于至善。”而八条目则为“物格而后知至,知至而后意诚,意诚而后心正,心正而后身修,身修而后家齐,家齐而后国治,国治而后天下平”(《大学》)。理学家在格物致知之前,设定了人性本善的前提,而人性本善的前提使人类具有仁义礼智之性,即天地之性;又因人类必须生存、繁衍后代,人又具备饮食男女的气质之性。气质之性有清有浊、有正有偏、有全有缺。浊、偏、缺阻碍人的天地之性显露,因而格物、致知、诚意、正心、修身的过程就是以天地之性来灭除浊、偏、缺的气质之性的过程,这就是存天理、灭人欲。只有做到修身于此才能自觉地齐家、治国、平天下,实现“亲民”的任务。在理学家看来,任何设计严密的政治体系,最终都需要落实到具体的个人。

所以，对为政者而言，个人修养水平至关重要，可以说是安邦治国的基础所在。从这个角度来看，理学实际就是民本思想的道德化。下面我们略举几个理学家的思想和作风来说明以上观点。周敦颐认为治理天下以修身为根本，以齐家为法则。朱熹认为“人君为政在于得人”，“天下之务莫大于恤民，而恤民之本，在人君正心术以立纪纲”（朱熹《四书章句集注》）。他把恤民作为君主修身的主要内容，并认为“恤民之实在于省赋”（朱熹《四书章句集注》），坚决反对贪污行为。而要落实这两个方面，只能靠为官者的基本素质，实施廉政。他在《答范伯崇书》中说为官廉政是吾辈之本分，以此表露自己为天下忧的心迹。可以说，朱熹不仅是理学的集大成者，也是两宋民本思想的集大成者。二程也罢，朱熹也好，他们的民本思想都是与“格物”“正己”的修身思想联系在一起的，也正因此，自宋以后，历朝都特别重视官员的清正廉洁的作风。

我们党在建设新时代政德体系的过程中，高度重视民本思想的“选贤与能”“修身为政”的思想资源，党中央在大大小小的报告中经常引用相关词句和典故，传承古代民本思想的同时也逐渐形成了以人民为中心的人才观。以人民为中心的人才观就涵盖为政以德的政德建设。习近平总书记描绘了新时代好干部的群体肖像：信念坚定、为民服务、勤政务实、敢于担当、清正廉洁。以此为目标，形成了涵盖识别人才、举荐人才、量才授任、尊重人才和培养人才等各方面的人才观。

首先，强调树立正确的用人导向。习近平总书记强调落实以人民为中心的发展，主体在人民，关键却在干部，选人用人的干部选拔和考评体系都至关重要。在用人导向上强调：(1)加强实践。“知屋漏者在宇下，知政失者在草野”（王充《论衡·书解》），习近平总书记在党的群众路线教育实践活动总结大会上的讲话中引用这句话，指出干部只有深入基层、深入实际、深入群众，才能在改革发展的主战场、维护稳定的第一线、服务群众的最前沿砥砺品质、提高本领、实现自己的价值。(2)勇于创新，“盖有非常之功，必待非常之人”（班固《汉书·武帝纪第六》），为培养创新型人才，需要完善改进人才培养机制，避免急功近利、揠苗助长；这就需要在全社会积极营造鼓励创新、勇于创新、包容创新的良好氛围，既重视成功，也有宽容试错，为拔尖创新人才脱颖而出铺路搭桥。(3)“能者上、庸者下、劣者汰”。凭关系、凭感情选人用人的倾向会使踏实干事、不跑不要的干部失去进步机会。只有让有能力者、实干者入位，才能让更多新时代的好干部脱颖而出。(4)有担当。在选人用人上，担当就体现在敢于说真话、敢于听真话。讲真话、听真话先是需要勇气和党性，讲真话、听真话还需要讲真话、听诤言的环境。要在从政环境上讲究培育风清气正的党内政治生态和政治文化，保证干事创业的人能在更干净的环境中施展才华；要在考评体系上坚持为人民谋利益的政绩观，鼓励干部啃硬骨头、打攻坚战，杜绝搞华而不实、劳民伤财的“形象工程”和“政绩工程”。(5)有情怀、有格局。在《之江新语》的《要用人格魅力管好自己》一文中习近平同志引用“政者，正也。其身正，不令而行，其身不正，虽令不从”(《论语・子路》)一语,谈及领导干部要有公正无私、以身作则、言行一致的优良品质。继而,他提出对于选人用人,要近距离接触干部,观察干部对重大问题的思考,看其见识见解;观察干部对群众的感情,看其品质情怀;观察干部对待名利的态度,看其境界格局。以此,选拔那些在大事小事上都有才干、品德、情怀、格局的人。

其次,建立科学有效的选人、用人机制。诗人龚自珍曾感于清廷衰弱腐败,国家内忧外患,发出“我劝天公重抖擞,不拘一格降人才”的呼唤。习近平总书记在中国科学院第十七次院士大会、中国工程院第十二次院士大会上的讲话中引用这句话,提出的正是选拔人才的问题。如何才能形成活力迸发、人尽其才的良好局面?他强调要把好干部选用起来,需要科学有效的选人用人机制。其中的关键就是“不拘一格降人才”,具体说来要做到以下几点:(1)防止干得好不如说得好,做功好不如唱功好,谋事的不如谋人的,结果导致逆淘汰现象产生,阻碍优秀干部脱颖而出。(2)破除人才流动的机制壁垒、打破唯票取人和论资排辈,才能真正做到珍惜爱护人才、充分信任人才和放手使用人才。(3)建立开放灵活的人才流动机制,让人才脱颖而出。

在建立科学的选人机制后,还要注重科学合理地使用干部,用当其实,用其所长。“骏马能历险,力田不如牛。坚车能载重,渡河不如舟。”(顾嗣协《杂兴》)的确,每个人的特点不同,特长各异,关键在于任人之长,不强其短;任人之工,不强其拙。用什么人,用在什么岗位,都要从工作需要出发,以事择人,不能简单把岗位作为奖励干部的手段，论资排辈、平衡照顾，而不是看谁更优秀、更合适。

再次，着力展开教育、培养人才活动。新时代人才观在教育人才方面主要涵盖担当教育、作风教育、实干教育、信仰教育四个方面，这四个方面均属于修身教育之列。(1)担当教育。“为官避事平生耻”(曾国藩《治心经·诚心篇》)，在2013年全国组织工作会议上，习近平总书记特别强调敢于担当是干部必须具备的基本素质，并把这作为好干部标准的重要一条。好干部必须有责任重于泰山的意识，坚持党的原则第一，党的事业第一，人民利益第一，敢于旗帜鲜明，敢于较真碰硬，对工作任劳任怨、尽心竭力、善始善终、善作善成。他鼓励干部，为了党和人民的事业，党员干部要敢想、敢做、敢当，做新时代的劲草、真金。(2)作风教育。一个地方的工作，成在干部作风，败也在干部作风；一个地方的事业，兴在干部作风，衰也在干部作风。习近平总书记非常强调党员干部的党性修养和个人内心修养。他曾多次引用“公则明，廉生威”(年富《官箴》)、“奢靡之始，危亡之渐”(欧阳修、宋祁《新唐书·列传第三十·褚遂良》)、“物必先腐，而后虫生”(苏轼《范增论》)、“地位清高，日月每从肩上过；门庭开阔，江山常在掌中看”(朱熹《题白云岩书院对联》)等词句，强调弘扬传统民本思想中“匡正祛邪、激浊扬清”的从政之德。党的十八大以来，以习近平同志为核心的党中央一方面采取高压态势铁腕反腐，针对“四风”问题刚性执纪，激浊工作持续进行；另一方面，出台八项规定和开展党的群众路线教育实践活动等，使得扬清工作不断深入。(3)实干教育。习近平总书记引用“行百者半九十”(《战国策·秦策五》)告诫全党：“中华民族伟大复兴，绝不是轻轻松松、敲锣打鼓就能实现的。全党必须准备付出更为艰巨、更为艰苦的努力”①；引用“为者常成，行者常至”(《晏子春秋·内篇·杂下》)，强调实干是最响亮的语言，是赢取事业胜利的根本保障；引用“功崇惟志，业广惟勤”(《尚书·周书·周官》)，说明立志与勤勉的关系，立志是前提，勤勉为保障，中华民族伟大复兴的中国梦曙光在前，因此需要全体人民，尤其是党员干部苦干实干，以务实作风，一步一个脚印往前走。引用“一勤天下无难事”(钱德苍《解人颐·勤懒歌》)、“天下大事，必作于易，天下难事，必作于细”(《老子·六十三章》)、“道有夷险，履之者知”(刘基《拟连珠》)等许多词句教育党员干部“空谈误国、实干兴邦”。(4)信仰教育。理想信念决定着一个人的行为方式。对于领导干部，如果没有理想信念，回答不好“我是谁，为了谁，依靠谁”的问题，就容易导致政治上的变质、精神上的贪婪、道德上的堕落、生活上的腐化。“石可破也，而不可夺坚；丹可磨也，而不可夺赤”(《吕氏春秋·诚廉》)，理想信念就像石头的坚硬、丹砂的赤红，是共产党人根本的属性。党中央反复强调补足党员干部的“精神之钙”，正是要点亮党员干部心中的明灯，教育引导党员干部筑牢思想防线，

---

① 习近平：《决胜全面建成小康社会　夺取新时代中国特色社会主义伟大胜利——在中国共产党第十九次全国代表大会上的报告》，人民出版社2017年版，第27页。

坚持“革命理想高于天”，保持蓬勃朝气、昂扬锐气、浩然正气。

最后，推进全面从严治党。坚持以人民为中心锻造新时代好干部，不仅要树立正确的用人导向，建立科学有效的选人、用人机制，着力展开教育、培养人才活动，更要以严管保障干部队伍不腐化。严格管理干部必须坚持从严治党：

加强纪律建设是全面从严治党的治本之策。习近平总书记强调：党要管党、从严治党，靠什么管，凭什么治？就要靠严明纪律。(1)严格遵守党章。具体说来，就是要求加强对遵守党章、执行党章情况的督促检查，对党章意识不强、不按照党章规定办事的及时提醒，对严重违反党章规定的行为坚决纠正。在这个意义上，以人民为中心锻造新时代好干部就是要求全党共同来维护党章的权威性和严肃性。(2)增强纪律教育针对性。具体说来，就是要求开展经常性纪律教育，增强教育实效性，让党员干部知敬畏、存戒惧、守底线，习惯在受监督和约束的环境下工作生活。(3)要求深化运用监督执纪“四种形态”。党的十九大把运用监督执纪“四种形态”写入党章，这是全面从严治党的重大举措。具体说来，就是在早发现上深化，提高发现违纪问题能力；在分类处置上深化，提高精准把握职级标准和运用政策能力；在用好第一种形态上深化，下大功夫加强日常管理和监督；在谈话函询上深化，对边谈边犯、边询边犯的从严从重处理。

制度建设是全面从严治党的重要保障。党的十八大以来，以习近平同志为核心的党中央坚持依法依规治党，一方面真正做到党领导立法、保证执法、支持司法、带头守法；另一方面与时俱进深化党的建设制度改革,把管党治党的螺栓越拧越紧。完善从严治党的制度建设关键在于健全党和国家监督体系。增强党自我净化能力,根本靠强化党的自我监督和群众监督。而制度的生命力在于执行。加强党内法规制度建设,必须一手抓制定完善,一手抓贯彻执行,制度执行到人和事,坚决纠正随意变通、恶意规避、无视制度等现象。一句话,贯彻执行法规制度关键在真抓,靠的是严管。

从严治党,坚持以人民为中心锻造新时代好干部,必须坚持以零容忍态度惩治腐败。习近平总书记指出:“党风廉政建设和反腐败斗争是一场输不起的斗争,不得罪成百上千的腐败分子,就要得罪13亿人民。这是一笔再明白不过的政治账,人心向背的账!”党的十八大以来,我们党以零容忍的态度重拳反腐,反腐败斗争压倒性态势已经形成并巩固发展。但必须同时看到,当前腐败滋生的土壤依然存在,反腐败斗争形势依然严峻复杂。习近平总书记在多次讲话中高频率引用反腐倡廉的民本典故和词句,如“吏不廉平,则治道衰”(班固《汉书·宣帝纪第八》)、“公生明,廉生威”(年富《官箴》)、“简则约,约则百善俱兴;侈则肆,肆则百恶俱纵”(金缨《格言联璧·持躬》)、“历览前贤国与家,成由勤俭败由奢”(李商隐《咏史》)等,要求全党坚持无禁区、全覆盖、零容忍、重遏制、强高压、长震慑深入进行反腐败斗争。

党要管党,首先要管好干部。习近平总书记指出把从严管理干部贯彻落实到干部队伍建设全过程,坚持从严管理、从严监督,让每一个干部都深刻懂得,当干部就必须付出更多辛劳,接受更严格的约束。党的十八大以来,党中央坚持严管和厚爱相结合,激励和约束并重,完善干部考评机制,建立激励机制和容错纠错机制,旗帜鲜明为那些敢于担当、踏实做事、不谋私利的干部撑腰鼓劲,调动了广大干部的积极性、主动性、创造性。

第二节　新时代政德建设对传统官德的超越

习近平总书记强调:"我们党作为马克思主义政党,必须旗帜鲜明讲政治,严肃认真开展党内政治生活。"①新时代旗帜鲜明讲政治在领导干部思想政治建设上的体现就是讲政德。"政"的基本内涵是治理国家事务,"德"是从业过程中所须自觉遵守的思想上和行为上的约束。这样说来,政德就是作为公权力主体的国家公职人员特别是党政机关领导干部在参与国家治理事务、行使公共权力的过程中应当恪守的思想和行为规范。对于政德的内涵,可以从四个方面进行把握:其一,从主体维度看,政德的主体就是国家公职人员,即公共权力的行使主体,尤其指党政机关的各级领导干部。需要注意的是,权力和责任永

① 《十八大以来重要文献选编》(下),中央文献出版社 2018 年版,第 419 页。

远是结合在一起的,因此对于政德的主体来说,其作为公共权力的行使者,涵养政德是其角色责任的需要。其二,从内容维度看,政德是国家公职人员尤其是党政机关领导干部在参与、管理政治事务,行使公共权力的过程中应遵循的道德规范。依据国家公职人员的社会关系层次,即政治生活场域的社会关系、职业生活场域的社会关系以及私人生活场域的社会关系,政德的内容分为大德、公德和私德。其三,从功能维度看,政德是一种用权之德,对权力的专注性决定了政德的功能是规范从政者的用权行为,使其权力的行使有一个明确的价值指向。在我国,从政者手中的权力来自于人民的委托,这就决定了新时代政德建设的价值取向是对人民负责,对人民的利益负责。其四,从建设途径上看,政德的建设途径是为了实现政德培育的目标而在培育与保障的过程中所采取的方法和手段的总和。新时代政德建设需要思想建设与制度建设双管齐下。思想建设重在以理服人,主要靠启发人的自觉性,提高人的道德和政治素养;而制度建设重在靠制度规范、调整人的行为。二者缺一不可,思想建设有赖于制度建设的保障,制度建设也需依靠思想建设的引导才能更好地发挥作用。

依据上述分析,新时代德政及其建设与古代的官德并不是一个范畴,新时代的政德建设无疑继承了古代民本思想的精髓要素,但同时新时代的政德及其建设也从根本上超越了古代的官德体系。下面,笔者主要从主体、内容以及建设途径三方面简要分析新时代的政德体系对于古代官德体系的超越。

一、从主体维度看超越

古代中国幅员辽阔、人口众多,在皇权之下势必需要一大批官僚的辅助。而古代中国的实际统治和治理也确实是靠队伍庞大的官僚来完成的。帝王和官僚队伍结成了既对立又统一的利益共同体。小农经济及其基础上的小农的文化意识决定了古代中国是一个以“官—民”为结构的社会。当然,中国具体的社会结构更加具体和复杂,简单地说就是,中国古代“官—民”的社会等级结构在实际运作中是被具体化为“君—官—士—民”“君—官—绅—民”的社会治理模式。以“官—民”为结构的社会不是通常意义上的建立在经济关系基础上的阶级社会。官治民、民从官是中国古代社会全部社会关系的核心和本质,也才是古代官德之等级的要义。到此,我们便明确了,古代官德的主体,即官员是凌驾在众民之上的特殊等级,其与民众的关系正是是马克思所说的“统治和服从”关系,但这种统治和服从关系不是建立在人身依附关系之上的,也不是单纯地建立在物质生产资料的占有上的,更不是建立在种姓等级制度和贵族等级制度之上的,而是建立在一种身份等级之上。这种身份等级与人的行业、社会角色、职业分层有关。

当代政德体系建设的主体则是国家公职人员,尤其是指党员干部。那么党员干部的具体范围及其属性、特点又是什么呢?中央纪委法规室曾明确指出,当前,我国的党员干部分为党政机关党员领导干部、国有企业党员领导干部和事业单位党员领导干部三部分，其中党政机关党员领导干部包括在各类党政机关中担任领导职务和副调研员以上非领导职务的共产党员。国有企业党员领导干部包括大型、特大型国有企业中层以上领导人员，中型以下国有和国有控股企业领导班子，以及上述企业中其他相当于县处级以上层次的共产党员。事业单位党员领导干部包括事业单位领导班子和其他六级以上管理岗位的共产党员。① 本书参照此标准，确定党员领导干部的范围。由于党员干部是指具备共产党员身份的领导干部，中国共产党的性质和宗旨决定了党员干部是中国工人阶级的先锋队，决定了党员干部人民公仆的本色属性。因此，党员干部在身份上不是高于人民的特殊等级，不具备特殊等级利益，其与人民群众在身份上是平等的。一方面，党员干部作为中国工人阶级的先锋队，是位居领导岗位、执掌领导权力、担负领导职责的"关键少数"，负责统领、协调国家公共事务；另一方面，领导干部作为共产党员，是人民的公仆，要全心全意为人民服务，对人民负责，做到为官一任造福一方。这样看来，当代政德建设的主体是与古代官德的主体完全不同的范畴。当代政德主体在主体身份、权力来源、责任与服务各个层面都对传统官德的主体进行了超越。

① 《中纪委释疑党员领导干部范围界定什么职级可算》，中国新闻网，http://www.chinanews.com/gn/2015/ll-26/7642282.shtml，2015-11-26。

二、从内容维度看超越

当代政德建设的目标是提高党员干部的政德素养,将以“公”为价值方向的政德观进一步与党的性质、宗旨、使命、任务和新时代社会发展要求相一致,这就决定了当代政德建设的内容必须以“公”为价值方向,并符合党性原则和时代要求。习近平总书记对政德建设的核心表述,即立政德,就要明大德、守公德、严私德,一方面是从党员干部在交往实践中形成的各层次社会关系出发,对政德建设的内容作出的指示,具有全面性和系统性;另一方面也体现了党性原则,回应了时代要求,既以“为公”为价值方向又不过分理想化。下面我们对此予以具体分析:党员干部的角色和身份是一种社会性的体现,党员干部在社会交往活动中,具有政治生活场域的社会关系、职业生活场域的社会关系和私人生活场域的社会关系。在政治生活场域,党员干部的第一身份是党员,是中华人民共和国的公民,因此对马克思主义的信仰,对党和国家的忠诚是领导干部的大德;在职业生活场域,党员干部是中国工人阶级的先锋队,是人民公仆,因此全心全意为人民服务,做到用权为民是党员干部的“公德”;在私人生活场域,党员干部也具有私人身份,也有亲属和家庭,但其身份的特殊性决定了党员干部在私人生活中必须考虑自己行为的公共影响。在私人生活领域做到清正廉洁是党员干部的“私德”。实际上,党员干部的“大德”“公德”和“私德”也是政德内容中的政治观、权力观和修身观。以习近平总书记对政德内容的重要论述为依据建设新时代政德体系，其内容必定是以马克思主义为指导，以共产主义为追求，是满足党员干部的长远精神需要的，因此符合党性原则，具有政治性和先进性；其内容还是针对当下政德领域突出问题，谋求这些问题的解决的，并引导党员干部的道德素养与社会发展相适应，因此具有时代性和现实性；最后还要特别指出，新时代政德体系建设的内容既体现了先进性而略高于党员干部的思想现实，又比较符合党员干部的思想实际，不至于过于理想化、圣人化。从新时代政德建设的内容和古代官德内容的比较中，可以看出新时代政德建设的内容层次划分更明确，因此不仅内涵更加明晰，而且更具系统性；新时代政德内容“为公”的价值取向更明确，权责更清晰，尤其是政治观、权力观和修身观范围和内涵都非常明确；新时代政德内容更具有现实性，不至于过于理想化。从这三方面来说，当代政德内容无疑超越了传统官德的内容。

三、从建设维度看超越

在封建时代，传统小农经济基础造成“官—民”二分的等级社会结构，“官—民”二分的社会结构决定了权力掌握在君主和官员手中，造成了官僚集团利益与国家权力运作的高度结合。而官僚集团推崇儒学治国，这就造成其统治手段有鲜明的道德特点。前三者决定了官德的等级性质，最后者则导致古代官德的培育主要靠“内圣外王”的修身路径，即注重修身正己，通过自我修养实现官德的培育（内圣外王的具体内涵，参见第二章）。但是历史证明，这样的道德培育之下，在造就很多清官良相的同时也滋生了很多昏君庸主、贪官污吏。甚至有很多清官良相行到半途腐化堕落。这些事实一方面证明内圣和外王不能直通，“己立”未必能“立人”，“己达”未必能“达人”，“子帅以正”则天下未必正；另一方面证明官员的道德修养不是一成不变的，将官德的培育完全诉诸道德修养，具有极大的不稳定性。古代官德的培育在强调修身的同时忽视了外在约束的建设，在强调官员人品道德养成的同时忽视了政治体制、制度法律的建设和变革，在强调道德教化的同时忽视了权力结构的调整以及监督机制的构建。晏婴早就提出“彼疏者有罪，戚者治之；贱者有罪，贵者治之；君得罪于民，谁将治之”（《晏子春秋》卷一）。这是古代君本政治的根本的缺陷问题，也是官德培育中的缺陷问题。如果古人能重视这一议题，用民权去制约君权、官权，为官德的建设提供制度保障，那么民本就会逐渐走向民主。但是晏婴及其后人都没能这样做。他们继续维护君本政治，一味强调道德型政治，并不花力气去探索树立人民主体的民主制度，让权力一直把握在官僚集团的手中，不但没有引导中国政治走向民主，就连民本最终也流于口号了。建设民主政治体制并不排斥官员的道德自律，官员道德修养的传承与开新也是本书的一大议题。但是实践表明，光靠官员的道德自律，脱离制度、法律、监督机制的制约，无法保障官员的终生清明，甚至会导致专制的不断强化。

传统官德建设中的缺陷使我们党认识到新时代政德体系建设不能仅靠教育、批评、反省，也应在政治体制、法律制度、监督机制上下功夫，做到双管齐下。就教育手段来说，政德建设的手段选择不是随意的，而应符合政德建设的目标需要，做到合目的性和合规律性的统一。政德建设的目标是塑造党员干部的精神世界，提高党员干部的政德素养，并使之与党的性质、宗旨、使命以及特定社会发展要求相一致。教育方式的选择必须符合这一目标要求，而要满足这一目标要求，就必须顺应领导干部的思想道德形成和发展规律，以及思想政治教育的规律。根据这一规律性要求，新时代政德体系的建设中，常用的教育方法有理论教育法、实践锻炼法、自我教育法和榜样示范法等。考虑到党员干部思想和行为上的特殊性，上述方法的具体实施又必须予以选择和细化。比如说理教育虽然是理论教育的常见方式，但显然并不太适用于社会阅历丰富的党员干部，因此新时代政德建设中常用的理论教育法并不是说理，而是同伴交流。再比如，考虑到思想教育的复杂性，上述教育方式也不是单一运用的，而是多种方式叠加运用，教育与自我教育的叠加，激励教育与惩戒教育、直接教育与间接教育的叠加往往产生综合成效。近年来，我们也开始积极探索以互联网为载体的新型教育手段以提高政德建设的感染力。就制度、法律、机制保障来说，制度、法律、运行机制的供给和执行能够统一培育政德主体的思想和行为，克服培育过程中的盲目性，还能调动政德主体的积极性,有效克服其行动的随意性,使政德教育更加规范化,提高政德教育的实际效果。党的十九届四中全会提出要健全完善党和国家的根本制度、基本制度和重要制度,以期把制度优势转化为治理效能,在这样的大背景下,政德培育的制度化建设也得到了充分重视,但具体的制度化建设仍在探索之中。在现有的具体制度中,与组织人事管理相关的各项激励制度、惩戒制度和监督制度对政德建设十分重要。以德为先的干部管理制度设计能够有效提升党员干部涵养政德的积极性,从而有效促进政德观的内化与外化。思想教育与制度保障的双管齐下,使当代政德的建设途径超越了古代官德单一化的培育途径。

第三节　扬弃中国传统民本思想

传统民本思想以"以民为本"为核心理念,以"立君为民""民为邦本""政在养民"为基本思路①,蕴含着丰富的思想精华,是中华民族留给当代中国乃至世界的宝贵遗产。但任何学说的根本都"深深扎在物质的经济的事实中",传统民本思想的根本深深扎在小农经济及建立其上的等级社会结构和政治体制当中,具有等级的狭隘性和历史的局限性。因此,传统民本思想

① 张分田:《民本思想与中国古代统治思想》上册,南开大学出版社2009年版,第37页。

从根本上说是"精华与糟粕互相结合，良莠混杂，瑕瑜互见"①的文化复合体。在继承的基础上扬弃传统民本思想，对于新时代中国社会发展具有重要的理论和实践意义。我国政治建设传承了传统民本思想的重民、爱民、利民、听政于民等政治智慧，并针对其等级性、工具性、制度空位等历史局限，在思想内容、保障制度等方面实现了对传统民本思想的超越。本节试图以从"立君为民"到"人民当家作主"、从"民为邦本"到"依靠人民群众创造历史"、从"政在养民"到"德法并治保障人民根本利益"三个方面，揭示我国社会主义民主政治基于马克思主义立场对传统民本思想的超越。

一、从"立君为民"到"人民当家作主"

传统民本思想的最基本思路便是立君为民。在现存文献中，最早以明确的语言表达立君为民观念的是《周书·泰誓》。《周书·泰誓》是一篇战争誓词，记载了周武王兴兵伐纣的口实，那就是商纣王违反了敬天保民、立君为民的政治原则，因此天怒人怨，是以征讨之。对于立君为民的民本思想，《孟子·梁惠王下》引《周书·泰誓》："天降下民，作之君，作之师，惟曰其助上帝宠之。四方有罪无罪惟我在，天下曷敢有越厥志？"作

① 罗国杰：《中国传统道德普及本》，中国经济出版社 1997 年版，第 4 页。

“天佑下民,作之君,作之师,惟其克相上帝,宠绥四方”。意思是天庇护芸芸众生,设立君主制度,选择民之父母,赋予帝王权力,目的是使帝王协助天来管理人类社会。天设之君既作君,又作父母老师,以政治管理庶民,以恩泽养育万民,以道德教化百姓。由此可以看出,立君为民不仅是从政治本体论的角度论证了民众在国家中的基础地位,更是一种规定封建政权、君主和官员为民而设的设君之道、设官之道。这样的设君之道及设官之道,政治目的在于论证君主制度、官僚统治的合法性。因此,在君主制度和官僚统治框架中的民本思想实际是一种等级民本,它虽然从政治本体论的角度论证了民众在封建政权中的基础地位,但其存在的社会结构、政治体制决定了其基本思路的等级性。

在“君—官—民”的等级社会中,民众与君王及其所代表的官僚集团之间不是平等关系,而是从属关系、被统治与统治关系,民是专制统治的对象,民众的利益是被动的,被赋予的,是以是否有利于官僚集团的利益为转移的。这样的社会结构与统治形式决定了国家的全部制度安排、政策实施都是按照官僚集团的利益要求构筑起来的。尽管传统民本思想中有很多重民、利民、富民的主张,但是“官统治民”的社会结构和等级属性就决定了传统民本思想难以彻底得贯彻。从根本上说,传统民本思想是助推专制国家机器运行的手段,是为维护等级社会结构和政治制度而提出的安民心、保社稷、稳君位的“治民”之术。也正是因此,尽管传统民本思想的理念光鲜,但在其理论框架中,民本始终与君本相联，而未能真正转化为民主。

马克思主义为中国文化注入了人民主体的思想，中国共产党抓住了马克思人民主体思想的精髓和核心，沿着为人民服务这条真理之路继续前进，创造性地提出："必须把人民放在心中最高位置，坚持一切为了人民。"①这从彰显人民地位、赋予人民权力、实现人民利益三个方面超越了传统等级民本。

首先，立足"自由独立的人"，彰显人民群众历史主体地位。

古代民本思想中所谓的"民"是与官僚集团相对的，没有政治身份的被统治等级。在以人民为中心的理论框架中，与"君""官"相对立的"愚民""草民"等级概念被具有独立人格和自由意志，又与"国家""社会"相统一的人民概念所取代。人民不再是处于社会底层、毫无政治地位的被统治者，而是成为了社会利益的主体，成为了国家权力的主人，在自己的先锋队，即中国共产党的领导下行使国家权力。这样，君与民、官与民之间的等级属性就被解构了，转变为相互平等的分工角色。我们党清醒地认识到自己的执政地位来源于人民的拥护，因此也更加坚定地坚持站在人民队伍中间，与人民平等交往，努力兑现"把人民放在心中最高位置，坚持一切为了人民"的政治誓言。为此，我国的政治建设不仅追求人民政治身份和法律地位的确证，也追求人民主体意识和参与能力的提升，还追求人民参政议政的物质基础和社会环境的改善。

① 《十八大以来重要文献选编》（下），中央文献出版社2018年版，第399页。

其次，坚持人民当家作主，赋予人民群众国家主人权力。

传统民本思想的等级性除了身份的等级表现外，还表现在政治格局上。在传统民本思想中，以君主为首的官僚集团被塑造成了抚慰、恩赐、教化臣民的“师长”形象，通过自上而下施恩于民以解决民众的生计问题。而民众则处于统治者的对立面，将生的希望全部寄托在圣君清官的拯救上。由此形成了“君为民作主，民依君行事”的政治格局。在马克思主义人民主权论的指导下，中国共产党彻底否定了传统民本思想“君为民作主”的政治格局，以实现人民当家作主为己任，团结带领中国人民进行新民主主义革命，建立人民当家作主的国家政权，进行广泛的民主实践，开辟了人民当家作主的新纪元。当下，我国政治建设继续坚持人民当家作主，并把人民当家作主进一步落实到国家政治生活和社会生活之中，体现到党和国家各方面治理活动和工作上来，体现到人民对美好生活的向往和自身利益的实现和发展上来。党的十八大以来，以人民为中心的发展导向使中国特色社会主义政治发展道路越走越宽，人民当家作主的制度保障越来越健全，社会主义民主的优越性更加充分地展示出来。

最后，以为人民服务为宗旨，实现人民群众的根本利益。

传统民本思想一方面从价值层面强调民为国之基础，认为“君”“官”应做到以民为本，“重民”“保民”“安民”“爱民”“亲民”“利民”等均在此申述范围内；另一方面又基于民不安，则本不固、邦不宁的认知，崇尚保社稷、稳君位的帝王之术，诸如“用民”“驭民”“使民”“弱民”“牧民”“愚民”等都在此列。对此，我们不得不追问:传统民本思想中“立君为民”“为政利民”如何能够与用民驭民、牧民愚民并存?传统民本思想的实质和目的到底是“为民服务”还是“要民服务”?实际上,传统民本思想中,亲民爱民、利民惠民与驭民使民、牧民愚民的真实关系是:前者是后者的手段,后者是前者的目的。如孟子请教子思“牧民何先”,子思答曰“先利之”;再如“夫惠本而后民归之志,民和而后神降之福……是以用民无不听,求福无不丰”(《国语·鲁语上》);“民不亲不爱,而求其为己用、为己死,不可得也”(《荀子·君道》)。这些论述均说明亲民爱民、利民惠民的最终目的在于“用民”“牧民”,传统民本思想以民为君用,民为君死为归宿。因此,在精神实质上,民本思想并不以“为民服务”为目的,其真实目的在于维护封建统治,民众不是价值之“本”,而是工具之“本”。中国共产党以全心全意为人民服务为宗旨,是对人民群众历史主体地位的现实表达,也是对传统等级民本的历史性超越。中国共产党充分认识到人民是国家的主人,国家政权是人民的政权,党的执政权力是人民赋予的。因而时刻谨记为人民服务的宗旨,始终维护人民的主权地位,始终坚持为人民谋发展谋幸福。当下我国的民主政治建设沿着为人民服务的真理之路继续前行,坚持发展一切为了人民。一方面,强调党的所有工作都要以满足“人民的美好生活需要”为导向,将人民对美好生活的向往确定为奋斗目标;另一方面,强调将人民视为党的工作的最高裁决者和最终评判者,将人民的满意度和获得感确认为检验一切发展政策与成效的根本标尺。这将“以人为本”的理念内化为发展的价值准则，从根本上化解了民本思想“民本”和“民用”的内在张力，将人从手段变成目的，从而将“民本”从工具理性转换成价值理性。

综上所述，我国的民主政治建设立足“自由独立的人”，彰显人民主体地位，超越了传统民本思想中“官—民”对立的等级划分；坚持人民当家作主，赋予人民国家主人的权力，超越了传统民本思想中“君为民作主，民依君行事”的政治格局；坚持为人民服务的宗旨，实现人民的根本利益，化解了传统民本思想“民本”和“民用”的内在张力，将民本从工具理性转换成价值理性。

二、从“民为邦本”到“依靠人民群众创造历史”

“民为邦本”是民本思想的又一基本思路。从《五子之歌》及其历代注疏看，“民惟邦本，本固邦宁”的核心要义是：民是国家社稷的基础，治民是君主政治之本，能否安民关系到国家兴亡、君主去留、政治兴衰。然而，通观传统民本思想，我们会发现虽然传统民本思想讲究民本，但却认为民不是唯一之本，君存则民存，国不可一日无君。实际上，“民为邦本”和“君为政本”并存于传统民本思想的结构之中。民本思想家们一方面认为民众是国家得以产生和存在的根源性依据，是社会经济、国家财政、军队兵员和劳役人员的源泉，是政权及其统治者的民意基础，因此“民者万世之本”（《新书》卷九《大政上》），治国必须以安民为先,行政当以治民为本;一方面又认为君主实施统治、构建秩序、定分止争、维护正义、安定民生,因此是国家政治之本,政由君出,王权至上,君尊民卑,等级分明。既然,在传统民本思想中"民为邦本"和"君为政本"是并存的,那么,就有必要弄清二者的并存是何种意义上的。"君为政本"将君奉为政治的最高主宰,说的是君权的绝对性;"民为邦本"承认民在政治生活中的决定作用,说的是君权的有条件性。按照逻辑,既然君权是有条件、有限度的,那么就应该否定其绝对至上性,摒弃君为政本的思路,进而赋予民众政治权力,设计必要的政治程序制衡君权。但是看似自相矛盾的两个命题却偏偏巧妙地圆融在同一个理论体系之中。众多民本论者也都没能从治权在君、君为民主、君为政本的思路中走出来。这就注定了"民为邦本"只是"君为政本"的附庸,是为了规范君权,使君权永存的一种手段,或者说前者的最终归宿是论证并实现后者。正因如此,民本思想虽然包含众多"民为邦本"的命题,但"民"只是其切入点,其主要关注点依然是"君"。例如"得民心者得天下""制民之产""与百姓同乐则王""保民而王""天视自我民视,天听自我民听",都旨在论说"君主应如何谋划和应对",没有任何一个命题旨在说明"庶民应如何采取主导性行动"。"重民的主体是君主,民众只是政治的客体,是君主施政、教化的对象。由于从不包含'民治'思想,所以重民之论与尊君之论始终扭结在一起。"①因此,

① 张分田:《民本思想与中国古代统治思想》下册,南开大学出版社2009年版,第588—589页。

虽然民本思想的重民观念难能可贵,从理论层面承认了民众对于国家、政治的基础与决定作用,但是其目的却是为王制、王道、王政提供依据和办法,最终实现对民众的统治。

归根结底,传统民本思想的根本逻辑是对民众进行统治,民众的定位是政治的客体,是被统治的对象,是王政的被动者和顺应者。不同于传统民本思想的统治逻辑,马克思唯物史观是以“发展”为核心的历史观。在唯物史观的视域中,历史发展的前提是“现实的个人”所进行的物质生产活动,物质生产活动的主体是人民群众。人民群众的物质利益构成推动历史发展的真正动机,人民群众是历史的真正创造者,是历史发展的真正推动者。中国共产党将马克思的群众史观与中国国情相结合,创造性地提出党领导群众的原则和工作方法,即群众路线。习近平总书记立足于新时代的历史方位,沿着群众路线的道路继续前行,创造性地提出:“把人民对美好生活的向往作为奋斗目标,依靠人民创造历史伟业。”①凝练来讲,就是坚持发展一切依靠人民。中国共产党讲依靠人民实现人民自己的发展,其出发点和落脚点都是发展,人民既是发展的实现者,又是发展的享有者。中国特色社会主义民主政治建设,既沿袭了传统民本思想重民的精髓,但又与其根本不同,是用“发展”的逻辑扬弃和超越了传统民本思想的“统治”逻辑。对此,可从以下三个方面进

① 习近平:《决胜全面建成小康社会　夺取新时代中国特色社会主义伟大胜利——在中国共产党第十九次全国代表大会上的报告》,人民出版社2017年版,第21页。

行理解：

第一，依靠人民群众创造历史，意味着承认人民群众是党的执政根基，是国家发展的智慧源泉和力量支柱。中国共产党坚持马克思主义群众史观，充分肯定了人民群众在社会历史发展和社会历史变革中的决定力量，进而十分自觉地将人民作为发展的依靠力量。这是将“人民主体”的理念内化为指导党和国家发展的根本准则，从而将民本思想中“民为邦本”和“君为政本”的二元结构转换为“人民主体”的一元结构，跳出了“民本”与专制同道的窠臼。党提出依靠人民群众创造历史，不仅是以价值的转换重塑了“民本”的理论基础，还以具体的举措来保证实践行动，即“充分尊重人民所表达的意愿、所创造的经验、所拥有的权利、所发挥的作用。尊重人民首创精神，自觉拜人民为师，向能者求教，向智者问策，从群众中汲取无穷的智慧和力量”①。

第二，依靠人民群众创造历史，强调发挥人民群众在发展中的主力军作用，而唯一可行的做法在于充分调动广大人民群众的积极性和创造性。传统民本思想的“弱民”“愚民”之策配合小农经济及等级制度形塑了民众尽人义、尊天道、各安其命、各守其责、清净无为的保守思维和守成性格。不同于王朝时期的系统封闭，近现代的中国身处开放、竞争的全球系统之中，面临现代性的冲击和优胜劣汰的焦虑，“守成”思维被“师夷”“维

① 《习近平总书记系列重要讲话读本（2016年版）》，学习出版社、人民出版社2016年版，第128—129页。

新”“革命”“发展”等时代话语所替代，传统民本思想也在中华民族的历史进步中不断被扬弃。“依靠人民群众创造历史”的思想正是“发展的民本主义”在新时代的回归与升华。我们党指出发展的唯一途径就是紧紧依靠群众，“始终坚持人民主体地位，充分调动工人阶级和广大劳动群众的积极性、主动性、创造性”①。从安徽省凤阳县小岗村摸索“大包干”，开创家庭联产承包责任制的先河到创办出口加工区与后来的经济特区，从乡镇企业的崛起到开创苏南实践、温州实践，历史已经证明尊重人民的首创精神，是能够将人民的积极性和创造性充分调动起来的。在全面深化改革进入深水区和攻坚期的当下，调动人民群众的积极性和主动性，激发蕴藏在普通人民之中的创造性是我们改革成功的关键。据此，党领导人民积极寻求制度和程序设计，以确保人民的积极性和创造性被激发出来。由此可见，我国民主政治是将民本中的守成之民变成创造之民，使人民挣脱了守成思维的束缚，释放人民的内在潜力，使人民群众真正成为中国梦的追梦者和圆梦人。

第三，依靠人民群众创造历史，是一种整体人民观，强调依靠人民推动发展，核心在于将人民组织起来。出于维护专制统治之需，传统民本思想实行“弱民”“愚民”之策，其配合封建的纲常伦理，压抑民众的自我意识和自由个性，使民众的思维方式、价值判断、行为方式均在等级纲常中被定格。这就使传统社

① 习近平：《在庆祝“五一”国际劳动节暨表彰全国劳动模范和先进工作者大会上的讲话》，《人民日报》2015 年 4 月 28 日。

会的民众消极被动、人云亦云、安于现状、难以被“有效地”组织起来发挥作用。我们党坚持马克思主义的基本观点，鲜明地指出推动社会历史发展的主体和根本动力正是作为整体的人民。依靠人民推动发展，核心就在于将具有利益差别和矛盾的人民“有效地”组织起来，使人民作为整体的力量不断加强，从而使组成人民的每一个个体能够充分地释放自我个性，得到自由发展。中国共产党洞悉到“组织”是我们社会主义事业走向胜利的奥秘所在，特别强调整体人民观。例如，强调“全体人民共同富裕”“一个都不能少的小康”，强调营造人人参与、人人尽力的社会环境等。除此之外，习近平总书记还指出，“中国人民在长期奋斗中培育、继承、发展起来的伟大民族精神”①，为将人民组织起来以推动中国发展和人类文明进步“提供了强大精神动力”。当前，人民追求美好生活的热情高涨，迫切需要继续培育并发挥薪火相传、奋发向上、凝聚共识、昭示方向四位一体的民族精神，并将其转化为建设中国特色社会主义的强大合力。在此基础上，更要树立专业人才观，聚天下英才而用之，深化科研院所和科技管理体制改革，“让机构、人才、装置、资金、项目都充分活跃起来”，使人才与资源能够有效结合，以保证合力最大化。

我国民主政治建设坚持发展依靠人民群众创造历史，立足于马克思主义群众史观，肯定了人民群众在社会历史发展及社

① 习近平：《在第十三届全国人民代表大会第一次会议上的讲话》，新华网，2018 年 3 月 20 日。

会历史变革中的决定作用,超越了陷在专制主义统治窠臼中的传统民本思想,从而将守成之民转变为创造之民,将“乌合之众”转变为具有强大组织力量的人民整体。

三、从“政在养民”到“德法并治保障人民根本利益”

在传统民本的思想体系中,“立君为民”从政治本体的角度论证了“以民为本”的终极依据,“民为邦本”从政治关系的角度论证了“以民为本”的政治理据,而“政在养民”则是从政治方略的角度论证“以民为本”的操作原则。从诸子百家的民本思路,特别是孔孟大儒的思想和相关的历代政论看,民本思想指导下的治民政策原则,既包括养民、富民、利民、惠民等重民政策,也包括使民、制民、愚民、弱民等驭民之术。二者虽然有崇礼与崇法之别,但皆属于“政在养民”的治民政策,“共同融会为‘重民尊君’的政治论体系”①。“令顺民心”“不竭民力”“先富后教”“任贤治吏”等养民治民之道不仅为许多民本思想家所认同和阐释,而且被众多帝王所采纳并转化为国家的治民政策,也为我国当下的政治建设提供了丰厚的滋养。这些治民之道虽好,但是在古代的现实实践中,却往往得不到认真贯彻或不能贯彻始终,暴君暴政历代皆有。只要浏览一下《历代名臣奏议》,便可知道传统民本思想的理论与实践之间有多么大的差距。究其原

① 冯天瑜:《中华元典精神》,武汉大学出版社 2006 年版,第 271 页。

因，在于古代的政治路径讲究“内圣外王”，寓政治于修身，寓治国于教化，混同了道德与政治的职能和领域，将成圣和为王的通道直接打通，甚至在发展的过程中将道德作为政治才能的唯一标准，将执政者的道德榜样作用视为安邦治国的根本。

古代道德型政治在强调内在修身的同时忽视了外在约束的建设，在强调官员人品道德养成的同时忽视了政治体制、制度法律的建设和变革，在强调道德教化的同时忽视了权力结构的调整以及监督机制的构建。传统民本思想讲究“政在养民”的重大意义，但是所涉及的推行之路却往往都是些君主修德、臣子谏言等手段，并没有探索出防止官僚集团违反践踏民意的合理的政治制度，也没有设计出真正推行“政在养民”的制度体制，尽管后者有等级民本的原因，但道德型政治确实束缚了有志之士的政治探索。晏婴早就提出：“彼疏者有罪，戚者治之；贱者有罪，贵者治之；君得罪于民，谁将治之？”这是古代君本政治的根本缺陷，如果古人能重视这一议题，进而将官僚集团的利益与权力的运行分开来，用民权去制约君权、官权，那么民本就会逐渐走向民主。但是晏婴及其后人都没能这样做。他们继续维护君本政治，一味强调道德型政治，并不花力气去探索树立人民主体的民主制度，让权力一直把握在官僚集团的手中，不但没有引导中国政治走向民主，就连“政在养民”的治民之道最终也流于口号了。

传统民本思想“政在养民”的政治方略虽然蕴含“民有”与“民享”的理念，但道德自律型政治却无法保障其贯彻实施。与之不同，马克思主义将“民有”“民享”与“民治”建立在生产力的发展和生产关系的正义之上，从而使“人的自由而全面的发展”从空想变成科学。我们党精准地理解了生产力的发展、生产关系的正义与马克思的解放旨趣之间的关系，并灵活运用、推陈出新，将以人民为中心与以经济建设为中心相结合，创造性地提出德法并治保障人民根本利益。德法并治保障人民根本利益，是在坚持发展经济从而实现物质不断丰富的基础上，通过社会关系和上层建筑的全面改革，以保障全体人民共同享有发展成果，从而为人的自由而全面的发展提供基础。由此可见，我国民主政治，既沿袭了传统民本思想“政在养民”的治民之道，但又与其根本不同，是用制度和法律建设扬弃和超越了传统民本思想的道德型政治实践。对此，可从以下两个方面进行理解：

第一，我国民主政治从法律和制度层面保障人民根本利益，将“政在养民”的道德型政治实践转化为有制度和法律保障的治国理政基本方略。中国古代的道德型政治的要害是将政治效果完全寄托在君主、官僚的道德修养上，而没能用制度、立法、监督机制等去遏制和防范君主和官员道德上的腐坏，任由“政在养民”的政治效果随着君主和官员道德品质的败坏而败坏。文化自信当然应该树立，但我们也需要一点反省和学习精神。对传统民本思想缺陷的梳理，就是我们反省的过程。政治不能没有道德，领导干部必须具备高尚的道德修养，但是执政能力建设，人民利益保障都不能仅靠道德，而应在政治体制、法律制度、监督机制上下功夫。在党的十九大报告中，习近平总书记将以人民为中心上升为新时代治国理政的基本方略之一,并强调以人民为中心,“不能只停留在口头上、止步于思想环节,而要体现在经济社会发展各个环节”①。具体说来,就是坚持社会主义公有制不动摇,保障人民对生产资料的所有权,为人民共享发展成果提供前提保障;坚持以经济建设为中心不动摇,推动社会财富的创造和人民生活水平的不断提高,为人民共享发展成果提供物质基础;坚持从人民立场出发统筹全体社会成员之间的分配问题,逐步调整分配制度,着力提升人民共享发展成果的实现度。除此之外,还要着力推进经济、政治、文化、社会、生态等各个领域的制度和体制改革,从而保障人民能够共享国家经济、政治、文化、社会、生态各方面建设的成果。

第二,我国民主政治倡导共治的治理方式,以推进国家治理体系与治理能力现代化,在程序机制上保障发展成果由人民共享。总的来看,我国的制度和法律设计通过对人民主体地位的承认和公民权利的保障,扬弃了传统民本思想的等级性、工具性和制度缺位性,使发展成果由人民共享从价值层面走向现实层面。但实践中,仍然存在利益表达渠道不通畅、信息不对称、民主形式不丰富、政治参与机制不健全等问题,这些问题使人民在政治参与和利益表达上处于被动状态,以致发展成果由人民共享的落实情况并不理想。因此,保障“发展成果由人民共享”就必须在注重制度和法律保障的基础上,兼顾程序建设,重构一种

① 《习近平总书记系列重要讲话读本(2016年版)》,学习出版社、人民出版社2016年版,第129页。

符合国家治理现代化的,兼具领导、责任、协同、参与、法治、公正、回应等要素的共治型治理方式。正如习近平总书记在中央政法工作会议上所指出的,“善于把党的领导和我国社会主义制度优势转化为社会治理效能,完善党委领导、政府负责、社会协同、公共参与、法治保障的社会治理体制,打造共建共治共享的社会治理格局”①。只有畅通民主表达渠道,搭建民主参与平台,建构协调治理格局,让更多的主体以更加多元的方式参与社会治理,才能使人民更加公平地享受社会治理成果,也才能使社会治理效能日益彰显。共治的治理模式从治理机制和具体程序上保障了上下互动、各方参与、平等协商,将人民在政治参与上的被动状态转变为主动状态,从而实现了对传统民本思想的超越:承认人民群众在政治参与中的主动位置,并通过共治来进行保证,将以民本为内核的统治关系转变为以民主为内核的共治关系,使民本思想的现代价值得以释放。

传统民本思想当中积淀着中华民族根本的文化基因和深沉的精神追求,是国人始终无法割舍的思想资源。我国民主政治剥离出传统民本思想的当代价值,传承着传统民本思想的文化精髓,并在建设新时代中国特色社会主义的过程中实现了马克思主义基本原理同传统民本思想、现实国情的有机结合,从而超越了传统民本思想。

---

① 习近平:《在中央政法工作会议上的讲话》,新华网,2019 年 1 月 16 日。

参 考 文 献

（一）著作类

《马克思恩格斯文集》第1—10卷，人民出版社2009年版。

《马克思恩格斯选集》第1—4卷，人民出版社1995年版。

《毛泽东选集》第一至四卷，人民出版社1991年版。

《毛泽东文集》第五卷，人民出版社1996年版。

《邓小平文选》第一至三卷，人民出版社1994、1993年版。

《习近平谈治国理政》，外文出版社2014年版。

《习近平谈治国理政》第二卷，外文出版社2017年版。

习近平：《决胜全面建成小康社会　夺取新时代中国特色社会主义伟大胜利——在中国共产党第十九次全国代表大会上的报告》，人民出版社2017年版。

《习近平新时代中国特色社会主义思想三十讲》，学习出版社2018年版。

《习近平总书记系列重要讲话读本（2016年版）》，学习出版社、人民出版社2016年版。

《习近平用典》，人民日报出版社2015年版。

《十八大以来重要文献选编》(上),中央文献出版社 2016 年版。

《十八大以来重要文献选编》(下),中央文献出版社 2018 年版。

董仲舒:《春秋繁露》,中华书局 1992 年版。

刘向:《战国策》,中华书局 1990 年版。

刘安:《淮南子》,广西师范大学出版社 2010 年版。

朱熹:《四书章句集注》,中华书局 1983 年版。

黄宗羲:《明儒学案》,中华书局 1985 年版。

黄宗羲:《宋元学案》,中华书局 1986 年版。

庞天佑:《秦汉历史哲学思想研究》,中国社会科学出版社 2002 年版。

欧阳修、宋祁:《新唐书》,上海古籍出版社 1997 年版。

程颐、程颢:《二程集》,中华书局 1981 年版。

陆九渊:《象山全集》,中华书局 1936 年版。

《清实录》,中华书局 1986 年版。

《十三经注疏》,中华书局 1980 年版。

郭庆藩:《庄子集释》(上、中、下),中华书局 1961 年版。

王先谦:《荀子集解》(上、下),中华书局 1988 年版。

王先慎:《韩非子集解》,中华书局 1998 年版。

梁启超:《先秦政治思想史》,东方出版社 2014 年版。

刘泽华:《中国政治思想史集》第一卷,人民出版社 2008 年版。

金耀基:《中国民本思想史》,台湾商务印书馆 1993 年版。

钱穆:《国史大纲》(上、下册),商务印书馆 1996 年版。

钱穆:《中国历代政治得失》,生活 · 读书 · 新知三联书店 2001 年版。

钱穆:《中国历史精神》,贵州人民出版社 2019 年版。

冯天瑜:《中华元典精神》,武汉大学出版社 2006 年版。

韦政通:《儒家与现代中国》,上海人民出版社 1990 年版。

吕思勉:《中国制度史》,上海教育出版社 2002 年版。

张分田:《民本思想与中国古代统治思想》(上),南开大学出版社 2009 年版。

李天莉:《古代民本伦理思想研究》,中国社会科学出版社 2016 年版。

褚凤娟:《民本思想的发展逻辑及其当代价值》,浙江大学出版社 2012 年版。

陈力祥:《公务员职业道德培训丛书——民本论》,华夏出版社 2013 年版。

罗国杰:《中国传统道德普及本》,中国经济出版社 1997 年版。

(二)文章类

夏至前:《道德与政治之间——古典儒学的德治思想及其历史境遇》,《学海》2000 年第 4 期。

刘泽华:《中国政治思想史研究之思路》,《学术月刊》2008 年第 2 期。

马可:《从民惟邦本到以人为本:中国共产党对传统民本思想的传承与超越》,《江西社会科学》2018 年第 3 期。

张冬利:《从"选贤与能"看儒家民本社会治理秩序的动态平衡》,《海南大学学报(人文社会科学版)》2018 年第 5 期。

胡承槐:《人治、法治、"官治"——论传统中国社会的官治性质及其影响的消解路径》,《中共浙江省委党校学报》2008 年第 3 期。

田广清:《执政能力建设必须警惕的历史误区:儒家道德自律型政治》,《江苏行政学院学报》2005 年第 4 期。

张力伟、杨博宁:《现代治理下府民关系的重塑:对传统民本思想的二重超越》,《行政科学论坛》2018 年第 2 期。

闾小波:《从守成到能动:中国共产党与民本主义的转向》,《吉林大学社会科学学报》2018 年第 1 期。

吴海江、徐伟轩:《"以人民为中心"思想对传统民本思想的传承与超越》,《毛泽东邓小平理论研究》2018 年第 7 期。

郑文宝:《论习近平以人民为中心发展思想的理论体系》,《理论视野》2019 年第 3 期。

朱雪薇:《习近平"以人民为中心"的发展思想对马克思人学思想的创新与发展》,《理论视野》2019 年第 3 期。

(三)报纸、媒体类

习近平:《在纪念毛泽东同志诞辰 120 周年座谈会上的讲话》,《人民日报》2013 年 12 月 27 日。

习近平:《在庆祝"五一"国际劳动节暨表彰全国劳动模范和先进工作者大会上的讲话》,《人民日报》2015 年 4 月 28 日。

习近平:《在第十三届全国人民代表大会第一次会议上的讲话》,新华网,2018 年 3 月 20 日。

习近平:《在中央政法工作会议上的讲话》,新华网,2019 年 1 月 16 日。

责任编辑:赵圣涛
责任校对:吕　飞
封面设计:胡欣欣

图书在版编目(CIP)数据

中国传统文化中的民本与官德/王荣 著. —北京:人民出版社,2020.12
ISBN 978-7-01-022836-5

Ⅰ.①中…　Ⅱ.①王…　Ⅲ.①民本思想-研究-中国②干部-道德修养-研究-中国　Ⅳ.①DD092②630.3

中国版本图书馆 CIP 数据核字(2020)第 249522 号

中国传统文化中的民本与官德
ZHONGGUO CHUANTONG WENHUA ZHONG DE MINBEN YU GUANDE

王　荣　著

人民出版社 出版发行
(100706　北京市东城区隆福寺街 99 号)

中煤(北京)印务有限公司印刷　新华书店经销

2020 年 12 月第 1 版　2020 年 12 月北京第 1 次印刷
开本:710 毫米×1000 毫米 1/16　印张:17.5
字数:300 千字

ISBN 978-7-01-022836-5　定价:59.00 元

邮购地址 100706　北京市东城区隆福寺街 99 号
人民东方图书销售中心　电话 (010)65250042　65289539